64,70

EXAME DE ORDEM & CONCURSOS

Volume V

Direito do Consumidor

- **RESUMO**

2ª Edição
Revista e Atualizada

EDITORA AFILIADA

Visite nossos *sites* na Internet
www.jurua.com.br e
www.editorialjurua.com
e-mail: *editora@jurua.com.br*

ISBN: 978-85-362-2894-5

JURUÁ EDITORA

Av. Munhoz da Rocha, 143 – Juvevê – Fone: (41) 3352-3900
Fax: (41) 3252-1311 – CEP: 80.030-475 – Curitiba – Paraná – Brasil

Editor: José Ernani de Carvalho Pacheco

G885
Gruber, Cláudia Mara.
Direito do Consumidor./ Cláudia Mara Gruber./ 2ª edição./ Curitiba: Juruá, 2010.
216p. (Coleção Exame de Ordem & Concursos)

1. Consumidor. I. Exame de Ordem & Concursos. Coleção. II. Título.

CDD 346.07 (22.ed)
CDU 347.7

Cláudia Mara Gruber

Graduada em Direito pela PUCPR; Pós-graduada em Direito Empresarial pela PUCPR; Advogada na área de Direito Empresarial e na do Consumidor.

EXAME DE ORDEM & CONCURSOS

Volume V

Direito do Consumidor

• **RESUMO**

2ª Edição
Revista e Atualizada

Curitiba
Juruá Editora
2010

SUMÁRIO

1 – ORIGEM E FUNDAMENTO DOS DIREITOS DO CONSUMIDOR 11

    1.1   Movimento Consumerista 11
    1.2   Previsão Constitucional 11
    1.3   Competência 12
    1.4   Código de Defesa do Consumidor 12
    1.5   Os Direitos do Consumidor como Direitos Fundamentais 13
    1.6   Fontes dos Direitos do Consumidor 13
    Questão de Concurso 15

2 – SUJEITOS DA RELAÇÃO DE CONSUMO 17

    2.1   Consumidor 17
    2.2   Fornecedor 21
    2.3   Caráter Relacional dos Conceitos de Consumidor e Fornecedor 24
    Questão da OAB/PR 24

3 – OBJETOS DA RELAÇÃO DE CONSUMO 27

    3.1   Produto 27
    3.2   Serviço 27
    Questões de Concurso 29

4 – POLÍTICA NACIONAL DE RELAÇÕES DE CONSUMO 33

    4.1   Objetivos e Princípios da Política Nacional de Relações de Consumo ... 33
    4.2   Instrumentos de Execução da Política Nacional das Relações de Consumo ... 36

5 – DIREITOS BÁSICOS DO CONSUMIDOR 39

    5.1   Disposições Iniciais 39
    5.2   Direitos do Consumidor 39
    Questão da OAB/PR 46

6 – DO FORNECIMENTO DE PRODUTOS E SERVIÇOS 49

    6.1   Conceito de Fornecimento 49
    6.2   Espécies de Fornecimento 49

7 – FORNECIMENTO PERIGOSO OU NOCIVO 51

    7.1 Conceito 51
    7.2 Dever de Prestar Informações 51
    7.3 Produto ou Serviço Altamente Perigoso. *Recall* 52
    7.4 Responsabilidade pelo Fornecimento Perigoso 54
    7.5 Prescrição da Ação por Acidente de Consumo 54

8 – FORNECIMENTO DEFEITUOSO 57

    8.1 Conceito 57
    8.2 Espécies de Defeitos 58
    8.3 Qualidade do Produto ou Serviço 59
    8.4 Responsabilidade pelo Fornecimento Defeituoso 59
    8.5 Prescrição da Ação por Acidente de Consumo 63
    Questão de Concurso 64

9 – FORNECIMENTO VICIADO 67

    9.1 Conceito 67
    9.2 Diferenças entre Vícios Redibitórios Regulados pelo Código Civil e Vícios Ocultos ou Aparentes Regulados pelo Código de Defesa do Consumidor 68
    9.3 Espécies de Vícios 72
    9.4 Prescrição 76
    Questões da OAB/PR e de Concursos 77

10 – DA DESCONSIDERAÇÃO DA PERSONALIDADE JURÍDICA E DA RESPONSABILIDADE DOS GRUPOS 83

    10.1 Disposições Iniciais 83
    10.2 Desconsideração da Personalidade Jurídica 83
    10.3 Responsabilidade dos Grupos 86
    Questão de Concurso 87

11 – PRÁTICAS COMERCIAIS 91

    11.1 Práticas Comerciais Abusivas 91

12 – OFERTA 93

    12.1 Conceito 93

13 – PUBLICIDADE 99

    13.1 Conceito 99
    13.2 Espécies de Publicidade Vedadas pelo Código do Consumidor 99
    13.3 Responsabilidade Civil, Administrativa e Penal do Anunciante 102
    13.4 Código Brasileiro de Auto-Regulamentação Publicitária – CBAP 104

Questão de Concurso 105

14 – PRÁTICAS ABUSIVAS 107

14.1 Conceito 107
14.2 Espécies de Práticas Abusivas 107
14.3 A Cobrança de Dívidas 111
14.4 Bancos de Dados e Cadastros de Consumidores 112
14.5 Cadastro de Informações dos Estudantes Brasileiros – CINEB 113
14.6 Bancos de Dados e Cadastros de Fornecedores 114

15 – CONTRATO DE CONSUMO 117

15.1 Conceito 117
15.2 Interpretação 118
15.3 Princípios Aplicáveis 119

16 – CLÁUSULAS ABUSIVAS 123

16.1 Conceito 123
16.2 Rol de Cláusulas Abusivas 123
16.3 Ação Declaratória de Nulidade Ajuizada pelo Ministério Público 131
16.4 Limitação da Multa Moratória 131
16.5 Direito à Liquidação Antecipada do Débito 132
16.6 Perda das Prestações nos Contratos de Compra e Venda de Móveis e Imóveis Mediante Pagamento em Prestações 132
16.7 Direito de Arrependimento nos Contratos Celebrados fora do Estabelecimento Comercial 133
16.8 Garantia Contratual 134
Questões de Concursos 135

17 – SANÇÕES ADMINISTRATIVAS 141

17.1 Poderes da Administração 141
17.2 Espécies de Sanções Administrativas 142

18 – INFRAÇÕES PENAIS 145

18.1 Disposições Iniciais 145
18.2 Da responsabilidade e Concurso de Pessoas 145
18.3 A pessoa Jurídica como Sujeito Ativo de Crime 146
18.4 Circunstâncias Agravantes 146
18.5 Pena de Multa 147
18.6 Penas Restritivas de Direito 148
18.7 Fiança 149
18.8 Intervenção de Assistente de Acusação e Ação Penal Subsidiária 149

19 – DOS CRIMES PREVISTOS NO CÓDIGO DO CONSUMIDOR 151

19.1 Omissão de Dizeres ou Sinais Ostensivos 151
19.2 Omissão na Comunicação às Autoridades Competentes 153
19.3 Execução de Serviços Perigosos 155
19.4 Fazer informação Falsa ou Enganosa ou Omitir Informação Relevante 157
19.5 Publicidade Enganosa ou Abusiva 159
19.6 Publicidade Tendenciosa 160
19.7 Publicidade sem base Fática, Técnica ou Científica 162
19.8 Troca de Componentes sem Autorização 164
19.9 Meios Vexatórios para Cobrança de dívidas 165
19.10 Impedimento de Acesso a Banco de Dados 166
19.11 Omissão na Correção de Dados Incorretos 168
19.12 Omissão na Entrega de Termos de Garantia 169

20 – A DEFESA DO CONSUMIDOR EM JUÍZO 173

20.1 Tutela Individual do Consumidor 173
20.2 Tutela Coletiva do Consumidor 173
20.3 Ações 174
Questões de Concursos 184

21 – O SISTEMA NACIONAL DE DEFESA DO CONSUMIDOR – SNDC 187

21.1 Órgãos Integrantes do SNDC 187
21.2 A Convenção Coletiva de Consumo 189

22 – TEMAS ATUAIS 191

22.1 Consumo Sustentável 191
22.2 Os Direitos do Consumidor e os Produtos Transgênicos 192
22.3 A Relação de Consumo no Mercosul 193

23 – SERVIÇO DE ATENDIMENTO AO CONSUMIDOR – SAC 195

REFERÊNCIAS 199

ÍNDICE ALFABÉTICO 201

1

ORIGEM E FUNDAMENTO DOS DIREITOS DO CONSUMIDOR

1.1 MOVIMENTO CONSUMERISTA

Na história, são identificados alguns dispositivos que, direta ou indiretamente, visaram proteger a pessoa do consumidor. Todavia, a consciência e a busca pela proteção de direitos dessa espécie são recentes e resultaram no que se costuma nominar de movimento consumerista. Sua origem encontra-se nos Estados Unidos da América e está ligada ao surgimento dos mercados de massa.

Por consumerismo deve-se entender *"todos os movimentos e esforços historicamente realizados no campo do direito, da política, da administração, da economia, entre outros, em defesa de todas as questões de alguma forma abrangidas pelo direito do consumidor"*[1].

No Brasil, o movimento surgiu, em rigor, em 1976 quando, em São Paulo, designou-se comissão especialmente para estudar a implantação do "sistema estadual de defesa do consumidor", de que resultou a Lei 1.903/78 e a criação do Procon naquele Estado, em princípios de 1979[2].

1.2 PREVISÃO CONSTITUCIONAL

Os principais dispositivos constitucionais que tratam do tema são os arts. 5º, inc. XXXII, que prevê que *"o Estado promoverá, na for-*

---

[1] PERIN JUNIOR, Ecio. **A Globalização e o Direito do Consumidor**. Aspectos relevantes sobre a harmonização legislativa dentro dos mercados regionais. São Paulo: Monole, 2003. p. 1.
[2] FILOMENO, José Geraldo Brito. **Manual de Direitos do Consumidor**. 6. ed. São Paulo: Atlas, 2003. p. 31.

ma da lei, a defesa do consumidor", e o 170, inc. V, que elenca, como um dos princípios basilares da ordem econômica, a defesa do consumidor.

Além desses dois dispositivos, cumpre citar o art. 150 que, em seu § 5º, estabelece que "*a lei determinará medidas para que os consumidores sejam esclarecidos acerca dos impostos que incidam sobre mercadorias e serviços*", e o art. 175, parágrafo único, inc. II, que prevê que a lei disporá sobre os direitos dos usuários no caso de concessão ou permissão de serviço público[3].

1.3 COMPETÊNCIA

Compete à União, aos Estados e ao Distrito Federal legislar concorrentemente sobre produção e consumo, bem como por dano ao consumidor (CF, art. 24, V e VIII), significando dizer que a União editará normas gerais, devendo os Estados e Distrito Federal especificá-las, por meio das suas respectivas leis (CF, art. 24, § 2º).

Nesse sentido, foi editado pela União o Código de Defesa do Consumidor, Lei 8.078, de 11.09.1990, e pelo Presidente da República, nos termos do art. 84, IV, da CF, foi expedido o Decreto Federal 2.181, de 20.03.1997, que dispõe sobre a organização do Sistema Nacional de Defesa do Consumidor – SNDC e estabelece normas gerais de aplicação das sanções administrativas previstas no CDC, tendo competência os Estados e o Distrito Federal para editar normas específicas no que toca aos interesses regionais.

1.4 CÓDIGO DE DEFESA DO CONSUMIDOR

O art. 48 do Ato das Disposições Constitucionais Transitórias – ADCT, determinou que o Congresso Nacional, dentro de cento e vinte dias da promulgação da Constituição de 1988, elaborasse Código de Defesa do Consumidor.

A tarefa foi cumprida com a edição da Lei 8.078, sancionada em 11.09.1990 e que entrou em vigor em 12.03.1991.

---

[3] Conforme ensina José Geraldo Brito Filomeno, quando a Constituição Federal, no citado dispositivo, fala em usuário, deve-se ler consumidores-usuários. (FILOMENO, José Geraldo Brito. **Manual de Direitos do Consumidor**. 6. ed. São Paulo: Atlas, 2003. p. 29)

O Código de Defesa do Consumidor Brasileiro é apontado por muitos como o mais avançado do mundo. Tem como principal fundamento o princípio da vulnerabilidade do consumidor.

Trata-se de um *microssistema jurídico* por possuir normas e princípios específicos. Contém elementos de conexão com os demais ramos do direito.

1.5 OS DIREITOS DO CONSUMIDOR COMO DIREITOS FUNDAMENTAIS

Os direitos do consumidor encontram-se no rol de direitos fundamentais enumerados no art. 5º da Constituição Federal e, dentro da clássica divisão em gerações, a qual é feita levando-se em conta a ordem cronológica em que passaram a ser constitucionalmente reconhecidos, enquadram-se na 2ª geração, que abrange os direitos sociais, econômicos e culturais e tem como principal fundamento a igualdade.

1.6 FONTES DOS DIREITOS DO CONSUMIDOR

São fontes, nos termos do art. 7º do CDC, os direitos do consumidor decorrentes de tratados ou convenções internacionais de que o Brasil seja signatário, da legislação interna ordinária, de regulamentos expedidos pelas autoridades administrativas competentes, bem como os que derivam dos princípios gerais do direito, analogia, costumes e equidade.

Tratado, também chamado de ajuste, convenção, declaração, pacto ou convênio internacional, é o acordo solene realizado por Estados soberanos, que tem por conteúdo regras gerais disciplinadoras de suas relações de comércio, navegação, limites geográficos, entres outros assuntos.

A *lei* é a principal fonte de direito. Estão aí incluídas todas as espécies normativas primárias previstas na Constituição Federal: emenda constitucional, lei complementar, lei ordinária, lei delegada, medida provisória, decreto legislativo e resolução (CF, art. 59). A lei é "*norma escrita, geral, abstrata e permanente, garantida pelo poder público, aplicável por órgãos do Estado enquanto não revogada*"[4].

Os *regulamentos* contêm normas para a fiel execução da lei, ou melhor, se limitam a estabelecer normas sobre a forma de cumprimento da lei. São normas jurídicas emanadas exclusivamente da Administração.

Princípios gerais do direito "*são enunciados normativos de valor genérico, que condicionam e orientam a compreensão do ordenamento jurídico, quer para a sua aplicação e integração, quer para a elaboração de novas normas*"[5].

Analogia é a aplicação de uma norma a um caso semelhante. *Costume* é a prática constante de uma conduta em um meio social que acaba se tornando juridicamente obrigatória. *Equidade* é a utilização do bom senso, da razão, na aplicação da lei ao caso concreto ou a criação de uma solução própria para uma hipótese em que a lei é omissa.

1.6.1 Resolução 39.248, de 10.04.1985, das Nações Unidas sobre proteção do consumidor

A nível internacional, temos a Resolução da ONU 39/248, de 10.04.1985, que teve em vista a elaboração de um conjunto de normas gerais para a proteção do consumidor, levando em consideração, particularmente, as necessidades dos países em desenvolvimento.

No item 1 da Resolução, são apontados os objetivos das normas de proteção ao consumidor:

a) auxiliar países a atingirem ou manterem uma proteção adequada para a sua população consumidora;

b) oferecer padrões de produtos e distribuição que preencham as necessidades e os desejos dos consumidores;

c) incentivar altos níveis de conduta ética, para aqueles envolvidos na produção e distribuição de bens e serviços para os consumidores;

d) auxiliar países a diminuírem práticas comerciais abusivas usando de todos os meios, tanto em nível nacional

---

[4] GUSMÃO, Paulo Dourado. **Introdução ao Estudo do Direito**. 15. ed. Rio de Janeiro: Forense, 1992. p. 121.

[5] REALE, Miguel. **Lições Preliminares de Direito**. 14. ed. São Paulo: Saraiva, 1987. p. 300.

como internacional, que estejam prejudicando os consumidores;

e) ajudar no desenvolvimento de grupos independentes e consumidores;

f) promover a cooperação internacional na área de proteção ao consumidor; e

g) incentivar o desenvolvimento das condições de mercado que ofereçam aos consumidores maior escolha, com preços mais baixos.

QUESTÃO DE CONCURSO

Questão 07 do Concurso Público para o cargo de Juiz Substituto do Estado do Paraná realizado em 2003.

Configura competência privativa da União:

a) *legislar sobre nacionalidade, direito tributário, cidadania, naturalização, produção e consumo;*

b) *legislar sobre registros públicos, fauna, atividades nucleares de qualquer natureza e procedimentos em matéria processual;*

c) *legislar sobre sistemas de poupança, captação e garantia popular e sistemas de consórcio e sorteio;*

d) *legislar sobre responsabilidade por dano ao meio ambiente, ao consumidor, a bens e direitos de valor artístico, estético, histórico, turístico e paisagístico.*

Comentários à questão:

A resposta correta é a letra c, uma vez que é a única alternativa que contém unicamente matérias que são da competência privativa da União (CF, art. 22, incs. XIX e XX). Sobre competência privativa da União, ver art. 22 e sobre competência concorrente da União, dos Estados e do Distrito Federal, ver art. 24, ambos da CF.

Vale lembrar que a competência para legislar sobre produção e consumo, bem como sobre responsabilidade por dano ao consumidor, é concorrente (CF, art. 24, incs. V e VIII).

2

SUJEITOS DA RELAÇÃO DE CONSUMO

2.1 CONSUMIDOR

A doutrina costuma apontar dois critérios para definir o consumidor. Pelo *critério objetivo*, consumidor é o que se apresenta como destinatário final do produto ou serviço. Pelo *critério subjetivo*, consumidor é o não profissional.

O CDC inclina-se para a adoção do critério objetivo, pois dá ênfase, na definição que apresenta, à qualidade de destinatário final do consumidor. Assim, nos termos do art. 2º, consumidor é toda pessoa física ou jurídica que adquire ou utiliza produto ou serviço colocado à sua disposição no mercado de consumo como destinatário final.

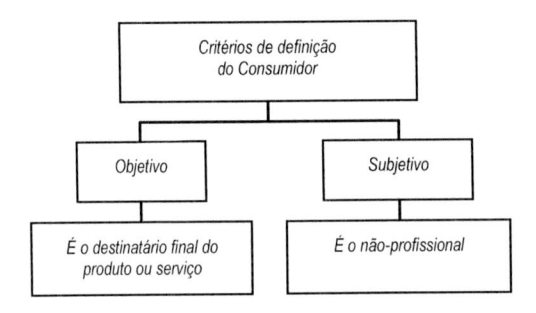

```
           Critérios de definição
              do Consumidor
           ┌─────────┴─────────┐
        Objetivo             Subjetivo

   É o destinatário final do    É o não-profissional
      produto ou serviço
```

2.1.1 Pessoa jurídica no papel de consumidora

A possibilidade de a pessoa jurídica invocar a proteção conferida pelo CDC aos consumidores, em que pese norma expressa neste sentido (art. 2º), é causa de muita discussão e polêmica na doutrina.

Cláudia Lima Marques[6] aponta a existência de duas correntes doutrinárias quanto à definição do campo de aplicação do CDC: *a corrente finalista e a maximalista*.

De acordo com a corrente *finalista*, a tutela do consumidor se dá somente porque ele é a parte vulnerável na relação de consumo. O destinatário final seria o *destinatário fático* e *econômico* do bem ou serviço e o consumidor seria aquele que adquire o produto ou serviço para uso próprio e não para revenda ou para acrescentá-lo à cadeia produtiva. O consumidor, seria, portanto o não profissional.

Todavia, como ressalta a autora, os finalistas evoluíram para uma posição mais branda,

> *aceitando a possibilidade de o Judiciário, reconhecendo a vulnerabilidade de uma pequena empresa ou profissional, que adquiriu, por exemplo, um produto fora de seu campo de especialidade, interpretar o art. 2º de acordo com o **fim da norma**, isto é, proteção ao mais fraco na relação de consumo, e conceder a aplicação das normas especiais do CDC analogicamente a estes profissionais.*

Já a corrente *maximalista* sustenta que o CDC regula o mercado brasileiro de consumo e não normas para proteger somente consumidor não profissional.

Destinatário final seria o *destinatário fático* do produto, aquele que o retira do mercado e o utiliza, o consome. Como exemplos, a fábrica de toalhas que compra algodão para transformar, a fábrica de celulose que compra carros para o transporte dos visitantes, o advogado que compra uma máquina de escrever para o seu escritório, ou mesmo o Estado quando adquire canetas para uso nas repartições e, é claro, a dona-de-casa que adquire produtos alimentícios para a família.

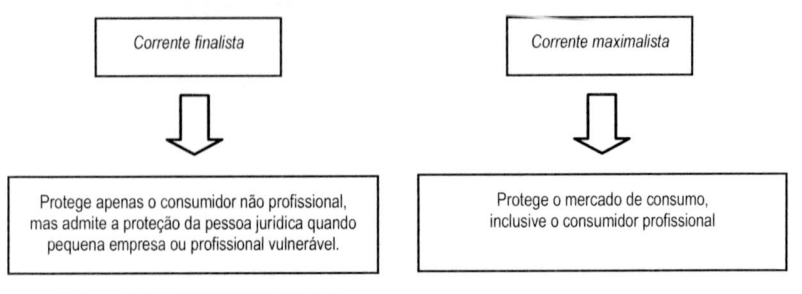

Corrente finalista	Corrente maximalista
⇩	⇩
Protege apenas o consumidor não profissional, mas admite a proteção da pessoa jurídica quando pequena empresa ou profissional vulnerável.	Protege o mercado de consumo, inclusive o consumidor profissional

---

[6] MARQUES, Cláudia Lima. **Contratos no Código de Defesa do Consumidor**. 4. ed. São Paulo: Revista dos Tribunais, 2002. p. 253-255.

A posição do nosso e. Superior Tribunal de Justiça é a de admitir a aplicação do CDC à pessoa jurídica empresária excepcionalmente, quando evidenciada a sua vulnerabilidade no caso concreto, ou por equiparação, nas situações previstas pelos arts. 17 e 29 do CDC.

Neste sentido:

> **Direito do Consumidor. Recurso especial. Conceito de consumidor. Critério subjetivo ou finalista. Mitigação. Pessoa Jurídica. Excepcionalidade. Vulnerabilidade. Constatação na hipótese dos autos. Prática abusiva. Oferta inadequada. Característica, quantidade e composição do produto. Equiparação (art. 29). Decadência. Inexistência. Relação jurídica sob a premissa de tratos sucessivos. Renovação do compromisso. Vício oculto.**
>
> *– A relação jurídica qualificada por ser "de consumo" não se caracteriza pela presença de pessoa física ou jurídica em seus pólos, mas pela presença de uma parte vulnerável de um lado (consumidor), e de um fornecedor, de outro.*
>
> *– Mesmo nas relações entre pessoas jurídicas, se da análise da hipótese concreta decorrer inegável vulnerabilidade entre a pessoa-jurídica consumidora e a fornecedora, deve-se aplicar o CDC na busca do equilíbrio entre as partes. Ao consagrar o critério finalista para interpretação do conceito de consumidor, a jurisprudência deste STJ também reconhece a necessidade de, em situações específicas, abrandar o rigor do critério subjetivo do conceito de consumidor, para admitir a aplicabilidade do CDC nas relações entre fornecedores e consumidores-empresários em que fique evidenciada a relação de consumo.*
>
> *– São equiparáveis a consumidor todas as pessoas, determináveis ou não, expostas às práticas comerciais abusivas.*
>
> *(omissis)*[7].

2.1.2 Consumidor equiparado

De acordo com o parágrafo único, do art. 2º, do CDC, equipara-se a consumidor a coletividade de pessoas, ainda que indetermináveis, que haja intervindo nas relações de consumo.

Disposição semelhante encontra-se no art. 17, que prevê a equiparação aos consumidores de todas as vítimas de danos ocasionados pelo fornecimento de produto ou serviço defeituoso.

Assim, por exemplo, *"não só o usuário de produto agrotóxico é consumidor, como os usuários potenciais e as vítimas que con-*

---

[7] REsp. 684613/SP – REsp. 2004.0120460/3 – Rel. Min. Nancy Andrighi – T3 – 3ª T. j. em: 21.06.2005 – DJ 01.07.2005, p. 530 – RDDP, v. 30 p. 135; REsp. 476428/SC (2002/0145624-5). Rel. Min. Nancy Andrighi.

sumirem alimentos contaminados, como todos os que forem atingidos pelos efeitos do produto em sua fabricação, manipulação, comércio, transporte e aplicação"[8].

Exemplo prático sobre o tema em específico, foi citado por José Geraldo Brito Filomeno[9]:

> *os diretores de grande empresa multinacional do setor químico, notadamente lotados na área de **marketing**, foram condenados pela prática do crime contra a saúde pública previsto no art. 278 do Código Penal, por terem enviado pelo correio milhares de amostras grátis de agrotóxico, conhecido por "Diazinon-40", o que causou concretamente dano à saúde de uma pessoa residente no Rio Grande do Sul, e potencialmente poderia causar outros aos que as recebessem.*

Também podemos citar como exemplo o caso do acidente ocorrido no Shopping Center em Osasco-SP em que o STJ considerou consumidores, seja pelo art. 2º ou pelo art. 17 do CDC, os frequentadores do shopping, tenham ou não interesse em adquirir bens ou serviços, porque adquirem, como destinatários finais, o serviço de segurança, lazer e conforto ofertado pelo Shopping Center (art. 2º), ao mesmo tempo em que são vítimas do fato do serviço (art. 17)[10].

Também se equiparam aos consumidores, nos termos do art. 29, todas as pessoas, determináveis ou não, expostas a práticas comerciais ou contratuais abusivas, como a publicidade enganosa que atinge um número indeterminado de pessoas.

Equipara-se a consumidor	A coletividade de pessoas, ainda que indetermináveis, que haja intervindo nas relações de consumo (art. 2º, parágrafo único)
	Todas as vítimas de danos ocasionados pelo fornecimento de produto ou serviço defeituoso (art. 17).
	Todas as pessoas determináveis ou não, expostas a práticas comerciais ou contratuais abusivas (art. 29).

---

[8] MACHADO, Paulo Affonso Leme. **Direito Ambiental Brasileiro**. 11. ed. São Paulo: Malheiros, 2002. p. 568.

[9] FILOMENO, José Geraldo Brito. **Manual de Direitos do Consumidor**. 6. ed. São Paulo: Atlas, , 2003. p. 242.

[10] Processo: REsp. 279.273/SP (2000.0097184/7) Rel. Min. Ari Pargendler. Relator para acórdão: Min. Nancy Andrighi. Órgão Julgador: T3 – 3ª T. – j. em: 04.12.2003 – DJ 29.03.2004, p. 230 – RDR v. 29, p. 356. Voto Vista Exma. Sra. Ministra Nancy Andrighi.

2.2 FORNECEDOR

Fornecedor é toda pessoa física ou jurídica, pública ou privada, nacional ou estrangeira, bem como os entes despersonalizados, que desenvolvem atividades de produção, montagem, criação, construção, transformação, importação, exportação, distribuição ou comercialização de produtos ou prestação de serviços. (CDC, art. 3º, *caput*)

Segundo De Plácido e Silva[11], fornecedor deriva do

francês **fournir** *(fornecer, prover), de que se compôs* **fournisseur** *(fornecedor); entende-se todo comerciante ou estabelecimento que abastece ou fornece habitualmente uma casa ou um outro estabelecimento dos gêneros e mercadorias necessárias a seu consumo.*

Não há tratamento diferenciado pela situação econômica do fornecedor. Assim, uma microempresa é fornecedora da mesma forma e nos mesmos termos que uma multinacional. Parte-se da ideia, *"não totalmente verdadeira, de que os mecanismos para absorver e diluir perdas relacionadas com a produção ou circulação de bens ou serviços sempre estão ao alcance do exercente da atividade especulativa e nunca do consumidor"*[12].

O Código, em vários dispositivos, faz referência à figura do fornecedor, apontando a doutrina como *fornecedores reais* o fabricante, o produtor e o construtor; como *fornecedor presumido*, o importador e como *fornecedor aparente*, o comerciante.

Fabricante é aquele que realiza atividade de transformação por meio da industrialização ou do manufaturamento de produtos. *Produtor* é aquele que extrai produtos diretamente da natureza, como o pecuarista, o agricultor, o caçador ou o pescador. *Construtor* é aquele que ergue prédios ou realiza loteamentos. *Importador* é o comerciante que revende no país bens fabricados ou produzidos no exterior. *Comerciante* é o intermediário no fornecimento de produtos fabricados, produzidos e construídos no país ou para aqui importados[13].

---

[11] SILVA, De Plácido. **Vocabulário Jurídico**. 15. ed. Rio de Janeiro: Forense, 1998. p. 367.
[12] COELHO, Fábio Ulhoa. **Curso de Direito Comercial**. 3. ed. São Paulo: Saraiva, 2002, v. 3, p. 168.
[13] COELHO, Fábio Ulhoa. **Curso de Direito Comercial**. 3. ed. São Paulo: Saraiva, 2002, v. 1, p. 278-279 e 283.

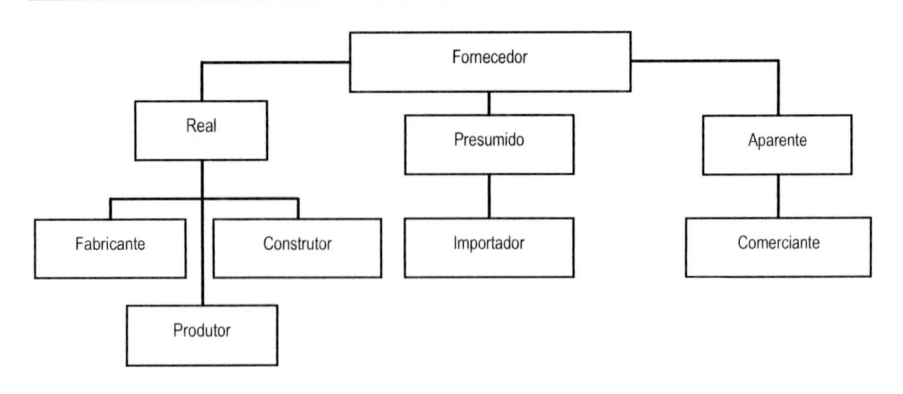

```
           ┌─────────────────────────┐
           │       Fornecedor        │
           └─────────────────────────┘
      ┌─────────┬─────────────┬─────────────┐
   ┌─────┐   ┌──────────┐  ┌──────────┐
   │Real │   │Presumido │  │ Aparente │
   └─────┘   └──────────┘  └──────────┘
   ┌───┴───┐      │              │
┌────────┐┌─────────┐ ┌──────────┐ ┌────────────┐
│Fabrica.││Construtor│ │Importador│ │ Comerciante│
└────────┘└─────────┘ └──────────┘ └────────────┘
   │
┌────────┐
│Produtor│
└────────┘
```

Ainda, como o Código prevê casos em que somente o fornecedor imediato pode ser demandado, é importante registrar que *fornecedor imediato* é o comerciante e o prestador de serviço originário e o *fornecedor mediato* é o fabricante, o produtor, o construtor e o prestador de serviço secundário *(v. item 9.2.2 – Vinculação contratual)*.

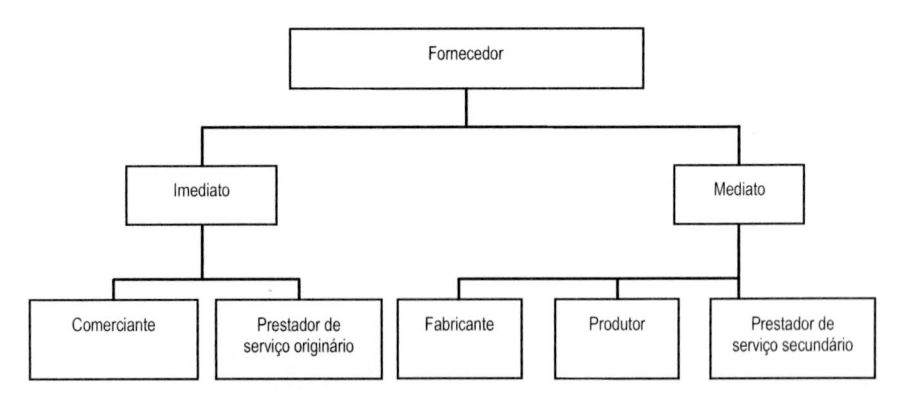

```
                    ┌─────────────┐
                    │  Fornecedor │
                    └─────────────┘
              ┌────────────┴────────────┐
         ┌─────────┐              ┌─────────┐
         │ Imediato│              │ Mediato │
         └─────────┘              └─────────┘
         ┌────┴────┐         ┌────────┼────────┐
   ┌──────────┐┌──────────┐┌─────────┐┌────────┐┌──────────┐
   │Comerciant.││Prestador ││Fabricant││Produtor││Prestador │
   │          ││de serviço││         ││        ││de serviço│
   │          ││originário││         ││        ││secundário│
   └──────────┘└──────────┘└─────────┘└────────┘└──────────┘
```

2.2.1 Pessoa jurídica de direito público no papel de fornecedor

Incluem-se no rol de pessoas consideradas fornecedoras, os órgãos públicos, por si ou suas empresas, concessionárias, permissionárias ou sob qualquer forma de empreendimento, que são obrigadas a fornecer serviços adequados, eficientes, seguros e, quanto aos essenciais, contínuos (CDC, art. 22).

Vale lembrar, porém, que somente a pessoa jurídica que presta serviço público mediante a cobrança de *tarifa*, aqui utilizada como sinônimo de *preço público*, é fornecedora. São exemplos de serviços tarifados: o de água, luz, telefone, correio, transporte coletivo e gás *(v. item 3.2.2 Aplicabilidade do Código de Defesa do Consumidor aos serviços públicos).*

2.2.1.1 Responsabilidade objetiva

No caso de descumprimento de suas obrigações, as pessoas jurídicas de direito público serão compelidas a cumpri-las e a reparar os danos causados, independentemente da existência de culpa (CDC, art. 22, parágrafo único).

A Constituição Federal, em seu art. 37, § 6º, também atribuiu a responsabilidade objetiva à pessoa jurídica de direito público e a de direito privado prestadoras de serviços públicos, as quais respondem pelos danos que seus agentes, nessa qualidade, causarem a terceiros, assegurado o direito de regresso contra o responsável nos casos de dolo ou culpa.

2.2.1.2 Princípio da continuidade da prestação do serviço público

Com base no CDC, há quem entenda que o poder público ou o concessionário privado prestador de serviços públicos não pode suspender o fornecimento dos serviços considerados essenciais. Todavia, o art. 6º, § 3º, da Lei 8.987/95, que disciplina a concessão de serviços públicos, reza que não se caracteriza como descontinuidade do serviço a sua interrupção, após prévio aviso, quando por inadimplemento do usuário, considerado o interesse da coletividade.

Neste contexto, José Carlos de Oliveira[14] entende que, embora o serviço público essencial tenha a sua continuidade assegurada pelo Código de Defesa do Consumidor, se não houver interesse da coletividade, o serviço pode ser suspenso até que o usuário inadimplente regularize a sua situação.

No mesmo sentido é o entendimento do STJ, para o qual

---

[14] OLIVEIRA, José Carlos de. **Código de Defesa do Consumidor**. 3. ed. São Paulo: Lemos e Cruz, 2002. p. 110-111.

o princípio da continuidade do **serviço público** assegurado pelo art. 22 do CDC deve ser obtemperado, ante a exegese do art. 6º, § 3º, II, da Lei nº 8.987/95 que prevê a possibilidade de interrupção do fornecimento de energia elétrica quando, após aviso, permanecer **inadimplente** o **usuário**, considerado o interesse da coletividade[15].

2.3 CARÁTER RELACIONAL DOS CONCEITOS DE CONSUMIDOR E FORNECEDOR

Os conceitos de consumidor e fornecedor têm caráter relacional, isto é, "*a identificabilidade de um deles em dada relação jurídica somente se verifica a partir da presença do outro na mesma relação*"[16].

Isto porque pode existir um contrato em que uma das partes seja destinatária final, mas que a outra não seja fornecedora e vice-versa. Assim, por exemplo, na venda de um automóvel por uma pessoa física que não atue no ramo de venda de carros novos ou usados para outra (neste caso teríamos o consumidor – destinatário final, mas não o fornecedor) ou, no sentido inverso, no caso de uma empresa que fabrique determinado maquinário adquirido por outra empresa para empregá-lo na sua produção ou execução de serviço (neste caso, teríamos o fornecedor, mas não o consumidor).

QUESTÃO DA OAB/PR

Questão 29 do Exame de Ordem – prova objetiva realizada em 19.11.2003.

Assinale a alternativa INCORRETA:

a) *A segurança e eficiência na prestação de serviços públicos pode ser exigida judicialmente pelo consumidor de serviço público, mas a continuidade não poderá estar fundada em relação de consumo.*

---

[15] REsp. 805113/RS – REsp. 2005/0210168-6 – Rel. Min. Castro Meira – Órgão Julgador: T2 – 2ª T. – j. em: 23.09.2008 – Dje 23.10.2008.
[16] COELHO, Fábio Ulhoa. **Curso de Direito Comercial**. 3. ed. São Paulo: Saraiva, 2002. v. 3, p. 166.

b) Além da pessoa jurídica de direito público, também as concessionárias e permissionárias poderão figurar no pólo passivo de uma ação de indenização por inadequada prestação de serviço.

c) A falta de eficiência na prestação de um serviço público pode motivar a propositura de ação de indenização com base no Código de Defesa do Consumidor.

d) Além do descumprimento total da prestação de serviço, também o parcial poderá motivar uma ação de indenização pelo consumidor.

Comentários à questão:

A alternativa incorreta é a letra a, uma vez que não só a segurança e eficiência na prestação de serviços públicos podem ser exigidos judicialmente pelo consumidor, mas também a adequação e continuidade do serviço público essencial, que são assegurados pelo Código de Defesa do Consumidor nos seus arts. 6º, inc. X, e 22. Sobre o tema, ver ainda o art. 37, § 6º, da Constituição Federal e o art. 6º, § 3º, da Lei 8.987/95.

Questão 1 – Exame de Ordem 2008.1 – Caderno de prova prático-profissional e de textos definitivos elaborado pela Cespe-UNB.

A COPCREDT, instituição financeira que adota a forma de sociedade cooperativa de crédito, atua com o objetivo de emprestar dinheiro a seus associados, cobrando juros menores que os habitualmente vigentes no mercado.

Considerando as informações acima, responda, de forma justificada, às seguintes perguntas:

– (...)

– Há possibilidade de se aplicar o Código de Defesa do Consumidor para disciplinar os contratos de mútuo feitos pela COPCREDT com seus associados?

Sim, aplica-se o CDC para disciplinar os contrato de mútuo feitos pela COPCREDT com seus associados, uma vez que as cooperativas de crédito são instituições financeiras integrantes do Sistema Financeiro Nacional (SFN); seu funcionamento é definido pelo Conselho

Monetário Nacional (CMV); suas operações são fiscalizadas pelo Banco Central do Brasil; tem aplicação ao caso a Súmula 297 do STJ; e, por fim, as partes contratantes se enquadram na definição de consumidor e fornecedor. O associado, ainda que faça parte da pessoa jurídica, seria consumidor, tendo em vista que o fato de ter direito a voto não lhe dá qualquer controle sobre a prestação do serviço. A Cooperativa, por sua vez, seria fornecedora visto que se caracteriza como instituição financeira que coloca à disposição no mercado de consumo seus serviços e produtos[17].'

---

[17] O STJ tem adotado o entendimento de que se aplica o CDC às cooperativas, pois, analisando os casos submetidos a sua apreciação, ressalta que o direito ao voto do associado não dá qualquer controle sobre o serviço prestado pela associação, mas há quem defenda na doutrina que o CDC não se aplica as cooperativas. Com efeito, tramita na Câmara dos Deputados o projeto de Lei 302/07 de autoria do Deputado Paulo Piau que dispõe sobre a não aplicabilidade do Código de Defesa do Consumidor às relações cooperativas.

3

OBJETOS DA RELAÇÃO DE CONSUMO

3.1 PRODUTO

Produto é qualquer bem, móvel ou imóvel, material ou imaterial (CDC, art. 3º, § 1º).

Para vários autores, entre eles José Geraldo Brito Filomeno, em vez de produto, o CDC deveria ter utilizado o termo bem, por ser mais abrangente e mais técnico tanto do ponto de vista jurídico, como do ponto de vista da economia política[18].

3.2 SERVIÇO

Serviço é qualquer atividade fornecida no mercado de consumo, mediante remuneração, inclusive as de natureza bancária, financeira, de crédito e securitária, salvo as decorrentes das relações de caráter trabalhista. (CDC, art. 3º, § 2º)

O Código optou por um conceito amplo fazendo ressalva apenas às relações de caráter trabalhista.

3.2.1 Aplicabilidade do Código de Defesa do Consumidor nas operações de concessão de crédito bancário

Na definição dos serviços sujeitos à relação de consumo apresentada pelo Código do Consumidor, há expressa menção às ati-

---

[18] FILOMENO, José Geraldo Brito, **Manual de Direitos do Consumidor**. 6. ed. São Paulo: Atlas, 2003. p. 55.

vidades de natureza bancária, financeira, de crédito e securitária, de modo que, para se caracterizar a relação de consumo, basta que o usuário seja o destinatário final do produto ou serviço adquirido.

Assim, por exemplo, um contrato de mútuo será regido pelas normas consumeristas quando o mutuário utilizar-se do crédito como destinatário final. Não o será, se o crédito for empregado na atividade econômica de uma empresa, porque, nesse caso, o crédito terá natureza circulatória, sendo bem de capital e não de consumo.

Nesse sentido a Súmula 297 do STJ: *"O Código de Defesa do Consumidor é aplicável às instituições financeiras"*[19], e também a Súmula 285 que dispõe que *"nos contratos bancários posteriores ao Código de Defesa do Consumidor incide a multa moratória nele prevista"*[20].

3.2.2 Aplicabilidade do Código de Defesa do Consumidor aos serviços públicos

Dispõe o art. 175, parágrafo único, inc. II, da Constituição Federal, que a lei disporá sobre os direitos dos usuários no caso de concessão ou permissão de serviço público. Disso resulta necessário esclarecer alguns aspectos sobre os serviços públicos, ora onerados com taxas de serviço, ora onerados com o chamado preço público (tarifa).

Os tributos[21] não estão incluídos no contexto dos serviços para efeitos de relação de consumo, ao contrário dos chamados preços públicos que, embora não se incluam no rol de tributos, são tratados conjuntamente com estes em razão da dificuldade encontrada para distingui-los das taxas de serviço.

Como se sabe, a taxa é cobrada *"em razão do exercício do poder de polícia ou pela utilização, efetiva ou potencial, de serviços*

---

[19] Ver ADI2591 do STF.
[20] O STJ também editou a Súmula 321 que dispõe que *"o Código de Defesa do Consumidor é aplicável à relação jurídica entre a entidade de previdência privada e seus participantes"*.
[21] Segundo a Constituição Federal, são tributos: impostos, taxas, contribuições de melhoria, empréstimos compulsórios, contribuições sociais, contribuições de intervenção no domínio econômico, contribuições de interesse das categorias profissionais ou econômicas, contribuições para custeio de sistemas de previdência e assistência social em benefício dos servidores dos Estados, do Distrito Federal e Municípios e contribuição de iluminação pública.

públicos específicos e divisíveis, prestados ao contribuinte ou postos a sua disposição" (CF, art. 145, inc. II).

Há, portanto, taxas em razão do exercício do poder de polícia, nas quais não restam dúvidas de que o Estado deve cobrar taxas e não preços, e as taxas de serviço que, em razão da possibilidade ou não de se considerar *a essencialidade* do serviço, entre outros fatores, ensejam a cobrança de taxa ou de preço público.

Baseando-nos nos estudos de Luciano Amaro[22] sobre o tema, podemos, em breves pinceladas e, por meio de quadro comparativo, apontar as principais diferenças entre as taxas de serviço e o preço público, para, neste último caso, considerar presente a relação de consumo:

Taxa de serviço	Preço público
Trata-se de obrigação compulsória, pois, como tributo, a taxa é instituída por lei.	Trata-se de obrigação voluntária, pois decorre de contrato celebrado pelas partes.
O indivíduo não tem opção para fruir a utilidade que é objeto de serviço público.	O indivíduo tem outra opção que não a utilização do serviço oferecido pelo Estado.
Estão relacionados às taxas os serviços "próprios", "essenciais", "concessíveis", "compulsórios" e os "inerentes" à soberania do Estado.	Estão relacionados aos preços públicos os serviços "impróprios", "não essenciais", "não concessíveis", "não compulsórios" e os "não inerentes" à soberania do Estado.
"O Estado adstringe-se a adotar a figura da taxa, se o serviço (que *ele* executa) *deve ser realizado* por imperativo de ordem pública".	"por outro lado, se o serviço puder ser remunerado por preço público, por não apresentar as características que o restrinjam à remuneração por taxas, o legislador *pode optar* pela adoção do regime de taxas".

QUESTÕES DE CONCURSO

Questão 80 do 11º Concurso Público para Provimento de Cargos de Juiz Federal Substituto da 3ª Região, realizado em 2003.

Relação jurídica de consumo, em sentido estrito, é aquela que se estabelece entre:

a) *um consumidor e um fornecedor, tendo por objeto a prestação de um serviço com vínculo empregatício;*

---

[22] AMARO, Luciano. **Direito Tributário Brasileiro**. 9. ed. São Paulo: Saraiva, 2003. p. 40-46.

b) *dois consumidores, tendo por objeto a aquisição de um produto ou a prestação de um serviço;*

c) *dois fornecedores, tendo por objeto a aquisição de um produto ou a prestação de um serviço;*

d) *um consumidor e um fornecedor, tendo por objeto a aquisição de um produto ou a prestação de um serviço.*

Comentários à questão:

A alternativa correta é a letra d, porque, para que haja relação de consumo, é necessário que figurem como sujeitos o consumidor e o fornecedor. Conforme mencionado no item 2.3, os conceitos de consumidor e fornecedor têm caráter relacional, isto é, só haverá consumidor se houver fornecedor e vice-versa.

Veja-se também que o objeto da relação de consumo pode ser a aquisição de um produto ou a prestação de um serviço, tendo a lei protetiva ressalvado apenas os serviços decorrentes das relações de caráter trabalhista (CDC, art. 3º, § 2º).

Questão 17 – Concurso Público do Tribunal de Justiça do Estado do Paraná para o cargo de juiz substituto realizado em 2010.

A Lei 8.078/1990 define os elementos que compõem a relação jurídica de consumo, em seus artigos 2º e 3º: elementos subjetivos, consumidor e fornecedor; elementos objetivos, produtos e serviços, respectivamente. Segundo estas definições, podemos afirmar que:

I – Fornecedor é toda pessoa física ou jurídica, pública ou privada, nacional ou estrangeira, bem como os entes despersonalizados, que desenvolvem atividade de produção, montagem, criação, construção, transformação, importação, exportação, distribuição ou comercialização de produtos ou prestação de serviços.

II – Serviço é qualquer atividade fornecida no mercado de consumo, mediante remuneração, inclusive as de natureza bancária, financeira, de crédito e securitária e as decorrentes das relações de caráter trabalhista.

III – Consumidor é toda pessoa física ou jurídica que adquire ou utiliza produto ou serviço como destinatário final. Equipara-se a consumidor a coletividade de pessoas, ainda que indetermináveis, que haja intervindo nas relações de consumo.

IV – Produto é qualquer bem, móvel ou imóvel, material ou imaterial.

Marque a alternativa **CORRETA***:*

a) *Apenas as assertivas II e III estão corretas.*
b) *Apenas as assertivas I, III e IV estão corretas.*
c) *Apenas as assertivas II e III estão incorretas.*
d) *Apenas a assertiva I está correta.*

Comentários à questão:

A alternativa correta é a letra B, pois a assertiva I corresponde à definição de fornecedor constante do art. 3º, *caput*, do CDC; a assertiva III corresponde à definição de consumidor (art. 2º) e consumidor equiparado (parágrafo único do art. 2º) constantes no CDC; a assertiva IV corresponde à definição de produto constante no § 1º, do art. 3º do CDC.

A assertiva II não está correta, pois inclui na definição de serviço as decorrentes das relações de caráter trabalhista.

4

POLÍTICA NACIONAL DE RELAÇÕES DE CONSUMO

4.1 OBJETIVOS E PRINCÍPIOS DA POLÍTICA NACIONAL DE RELAÇÕES DE CONSUMO

São objetivos da Política Nacional de Relações de Consumo (PNRC), os quais se encontram em consonância com os direitos fundamentais previstos na Constituição Federal, o atendimento das necessidades dos consumidores, o respeito a sua dignidade, saúde e segurança, a proteção de seus interesses econômicos, a melhoria da sua qualidade de vida, bem como a transparência e harmonia das relações de consumo, atendidos os seguintes princípios:

4.1.1 Princípio da transparência nas relações de consumo

Este princípio está previsto no *caput* do art. 4º do CDC. Prevê que o consumidor seja informado sobre seus direitos e obrigações ao contratar com o fornecedor. Vários dispositivos do CDC tratam desse direito: os arts. 6º, inc. III; 8º; 12; 30; 46; 52; 54, §§ 3º e 4º, entre outros.

> *Transparência significa informação clara e correta sobre o produto a ser vendido, sobre o contrato a ser firmado, significa lealdade e respeito na relação entre fornecedor e consumidor, mesmo na fase pré-contratual, isto é, na fase negocial dos contratos de consumo*[23].

---

[23] MARQUES, Cláudia Lima. **Contratos no Código de Defesa do Consumidor**. 4. ed. São Paulo: Revista dos Tribunais, 2002. p. 595.

4.1.2 Princípio da vulnerabilidade

Por este princípio, se reconhece a vulnerabilidade do consumidor em relação ao fornecedor, o qual, por deter o controle sobre os meios de produção, é considerado a parte mais forte na relação de consumo.

Cláudia Lima Marques[24] aponta três *espécies de vulnerabilidade*:

A *vulnerabilidade técnica*, na qual "*o comprador não possui conhecimentos específicos sobre o objeto que está adquirindo e, portanto, é mais facilmente enganado quanto às características do bem ou quanto à sua utilidade, o mesmo ocorrendo em matéria de serviços*". No sistema do CDC, ela "*é presumida para o consumidor não-profissional, mas também pode atingir excepcionalmente o profissional, destinatário final fático do bem*".

A *vulnerabilidade jurídica ou científica* "*é a falta de conhecimentos jurídicos específicos, conhecimentos de contabilidade ou de economia*". No sistema do CDC, "*é presumida para o consumidor não-profissional, e para o consumidor pessoa física. Quanto ao profissional e às pessoas jurídicas vale a presunção em contrário, isto é, que devem possuir conhecimentos jurídicos mínimos e também de economia para poderem exercer a profissão, ou devem poder consultar advogados e profissionais especializados antes de obrigar-se*".

Na *vulnerabilidade fática ou socioeconômica*, "*o ponto de concentração é o outro parceiro contratual, o fornecedor que por sua posição de monopólio, fático ou jurídico, por seu grande porte econômico ou em razão da essencialidade do serviço, impõe sua superioridade a todos que com ele contratam*".

Espécies de vulnerabilidade	
Vulnerabilidade técnica	O consumidor não possui conhecimentos específicos sobre o produto ou serviço adquirido.
Vulnerabilidade jurídica ou científica	O consumidor não possui conhecimentos jurídicos específicos, conhecimentos de contabilidade ou de economia.
Vulnerabilidade fática ou socioeconômica	O consumidor contrata produtos e serviços de fornecedor que, por uma série de fatores, impõe sua superioridade a todos que com ele contratam.

---

[24] MARQUES, Cláudia Lima. **Contratos no Código de Defesa do Consumidor**. 4. ed. São Paulo: Revista dos Tribunais, 2002. p. 271-273.

4.1.3 Princípio da ação governamental

Revela a obrigação do Estado de proteger efetivamente o consumidor por meio da iniciativa direta; por incentivos à criação e desenvolvimento de associações representativas; pela presença do Estado no mercado de consumo; e pela garantia dos produtos e serviços com padrões adequados de qualidade, segurança, durabilidade e desempenho (CDC, art. 4º, inc. II).

Mas se traduz ainda na obrigação do Estado de reprimir e coibir os abusos praticados no mercado de consumo (CDC, art. 4º, inc. VI) e também reside no dever do próprio Estado de racionalizar e melhorar os serviços públicos que presta à coletividade (CDC, art. 4º, inc. VII).

4.1.4 Princípio da boa-fé objetiva

O princípio da boa-fé está previsto no *caput* do art. 4º e em seu inc. III e, também, como cláusula geral nos contratos de consumo, conforme o art. 51, inc. IV, do Código de Defesa do Consumidor.

Preconiza que, nas relações de consumo, deve prevalecer a boa-fé para se garantir a harmonização dos interesses dos participantes e a compatibilização da proteção do consumidor com a necessidade de desenvolvimento econômico e tecnológico, de modo a viabilizar os princípios nos quais se funda a ordem econômica[25].

A boa-fé subjetiva significa a consciência ou certeza da prática de um ato de acordo com o direito. Já a objetiva é uma regra de conduta que obriga as partes a observarem determinado comportamento.

Segundo Claudia Lima Marques *"(...) há de se presumir a boa-fé subjetiva dos consumidores e se impor deveres de boa-fé obje-*

---

[25] Para Cláudia Lima Marques, boa-fé objetiva "é um *standard*, um parâmetro objetivo, genérico, que não está a depender da má-fé *subjetiva* do fornecedor A ou B, mas de um patamar geral de atuação, do homem médio, do bom pai de família que agiria de maneira normal e razoável naquela situação". Significa "... *uma atuação 'refletida', uma atuação refletindo, pensando no outro, no parceiro contratual, respeitando-o, respeitando seus interesses legítimos, suas expectativas razoáveis, seus direitos, agindo com lealdade, sem abuso, sem obstrução, sem causar lesão ou desvantagem excessiva, cooperando para atingir o bom fim das obrigações: o cumprimento do objetivo contratual e a realização dos interesses das partes*". (MARQUES, Cláudia Lima. **Contratos no Código de Defesa do Consumidor**. São Paulo: Editora dos Tribunais, 2002. p. 106-107)

tiva (informação, cooperação e cuidado) para os fornecedores, especialmente tendo em conta o modo coletivo de contratação e por adesão"[26].

Segundo ensinam Cláudio Bonatto e Paulo Valério Dal Pai Moraes[27],

> *podemos identificar três funções básicas do princípio da boa-fé objetiva, quais sejam a de que **serve como padrão teleológico**, apresentando critérios para uma melhor interpretação; **serve como criador de deveres secundários ou anexos; exerce função limitadora de direitos**, evitando que as teses voluntaristas, que pregam a liberdade contratual total, possam levar a maiores situações de desequilíbrio social.* (grifos nossos)

São deveres anexos ou secundários, entre outros, os previstos nos arts. 30, 31, 46, 47, 54, § 3º.

Funções básicas do princípio da boa-fé
- serve como padrão teleológico;
- serve como criador de deveres secundários ou anexos;
- exerce função limitadora de direitos.

4.2 INSTRUMENTOS DE EXECUÇÃO DA POLÍTICA NACIONAL DAS RELAÇÕES DE CONSUMO

Os instrumentos para a execução da Política Nacional das Relações de Consumo estão previstos, em rol não taxativo, no art. 5º do Código de Defesa do Consumidor e são:

a) a manutenção de assistência jurídica, integral e gratuita para o consumidor carente, sendo este um direito fundamental genericamente protegido pela Constituição Fede-

---

[26] MARQUES, Claudia Lima. *In*: **Contratos do Código de Defesa do Consumidor, o novo regime das relações contratuais**. 4. ed. São Paulo: Revista dos Tribunais, 2002. p. 394.

[27] BONATTO, Cláudio; MORAES, Paulo Valério Dal Pai. **Questões Controvertidas no Código de Defesa do Consumidor**. 2. ed. Porto Alegre: Livraria do Advogado, 1999. p. 42.

ral, art. 5º, inc. LXXIV ("*o Estado prestará assistência jurídica integral e gratuita aos que comprovarem insuficiência de recursos*") e garantido no art. 134, *caput* ("*A Defensoria Pública é instituição essencial à função jurisdicional do Estado, incumbindo-lhe a orientação jurídica e a defesa, em todos os graus, dos necessitados, na forma do art. 5º, LXXIV*");

b) a instituição da Promotoria de Justiça de Defesa do Consumidor, no âmbito do Ministério Público, o qual, como um dos titulares da ação civil pública, desempenha relevante papel na defesa dos consumidores coletivamente considerados;

c) a criação de delegacias de polícia especializadas no atendimento de consumidores vítimas de infrações penais de consumo;

d) a criação de Juizados Especiais de Pequenas Causas Especializados para a solução de litígios de consumo (Lei 9.099/95 e Lei 10.259/01); e

e) a concessão de estímulos à criação e desenvolvimento das Associações do Consumidor, tendo em vista sua legitimidade para propor a ação civil pública, desde que constituídas há pelo menos um ano, nos termos da lei civil.

5

DIREITOS BÁSICOS DO CONSUMIDOR

5.1 DISPOSIÇÕES INICIAIS

O Código do Consumidor procurou listar os principais direitos do consumidor em seu art. 6º, sem, todavia, excluir os decorrentes de tratados ou convenções internacionais de que o Brasil seja signatário, os já resguardados na legislação interna ordinária, nos regulamentos expedidos pelas autoridades administrativas e também os que derivem dos princípios gerais do direito: analogia, costumes e equidade (CDC, art. 7º).

5.2 DIREITOS DO CONSUMIDOR

São direitos básicos do consumidor:

5.2.1 Direito à vida, saúde e segurança nas relações de consumo

O consumidor tem direito "*a proteção da vida, saúde e segurança contra os riscos provocados por práticas no fornecimento de produtos e serviços considerados perigosos ou nocivos*" (CDC, art. 6º, inc. I).

Com efeito, o Código disciplina a matéria no capítulo IV: "*Da qualidade de produtos e serviços, da prevenção e da reparação dos danos*". Nele, veda a colocação no mercado de consumo de produtos ou serviços perigosos ou nocivos e defeituosos que acarretem riscos à vida e segurança dos consumidores, prevendo uma série de deveres a serem cumpridos pelo fornecedor para evitar a ocorrência de danos. Se esses deveres não forem observados, configura-se crime, bastando que se coloque em risco a segurança do consumidor para que haja a sua consumação.

5.2.2 Direito à educação associado ao direito de liberdade de escolha e da igualdade nas contratações

O consumidor tem direito "*a educação e divulgação sobre o consumo adequado dos produtos e serviços, asseguradas a liberdade de escolha e a igualdade nas contratações*" (CDC, art. 6º, inc. II).

O direito à educação está previsto na Constituição Federal, inicialmente em seu art. 6º, como um direito social, e mais detalhadamente no Título VIII (Da ordem Social), Capítulo III (Da Educação, da Cultura e do Desporto), Seção I (Educação).

No art. 205, a Constituição prevê que a educação é um direito de todos, que deve ser prestada pelo Estado e pela família e promovida e incentivada com a colaboração da sociedade, visando ao pleno desenvolvimento da pessoa, seu preparo para o exercício da cidadania e sua qualificação.

Isso porque a educação é um fenômeno social que contribui não apenas para a formação da personalidade do indivíduo, mas também para a formação da própria sociedade. Sendo assim, ela é imprescindível na sociedade de consumo moderna, principalmente se considerada a finalidade de possibilitar ao consumidor a *liberdade de escolha*.

Segundo José Geraldo Brito Filomeno[28], os órgãos de defesa do consumidor, além da legitimação conferida pelo art. 82 do CDC para a promoção das ações coletivas, têm também como atividade a *educação formal*, que seria, por exemplo, a dirigida a crianças e adolescentes nas escolas públicas e privadas, e a *educação informal*, no sentido de

> *orientação aos consumidores por intermédio da grande imprensa e publicações próprias (isto é, "manuais do consumidor", "cartilhas do consumidor" sobre "produtos", "serviços", "loteamentos",*

---

[28] FILOMENO, José Geraldo Brito. **Manual de Direitos do Consumidor**. 6. ed. São Paulo: Atlas, 2003. p. 135.

"venda e compra de imóveis", "saúde", "medicamentos", "alimentos", "informes técnicos", "boletins informativos" etc.), bem como palestras, mensagens pela televisão, rádio, jornais e revistas, debates.

A *igualdade nas contratações*, além de sua associação com o direito à educação, é assegurada especificamente no art. 35 do Código, que dispõe que, se o fornecedor recusar o cumprimento à oferta, à apresentação ou à publicidade, poderá o consumidor exigir o cumprimento forçado da obrigação.

5.2.3 Direito à informação adequada e clara

O consumidor tem direito "*a informação adequada e clara sobre os diferentes produtos e serviços, com especificação correta de quantidade, características, composição, qualidade e preço, bem como sobre os riscos que apresentem*" (CDC, art. 6º, inc. III).

Esse direito resulta do princípio da transparência nas relações de consumo e se relaciona com vários dispositivos da lei protetiva, entre eles o arts. 12, 18, 19, 30, 36, 46, 52, incs. I a V, do CDC.

5.2.4 Direito à proteção contra práticas comerciais desonestas e desleais

O consumidor tem direito "*a proteção contra a publicidade enganosa e abusiva, métodos comerciais coercitivos ou desleais, bem como contra práticas e cláusulas abusivas ou impostas no fornecimento de produtos e serviços*" (CDC, art. 6º, inc. IV).

Como exemplo prático de desrespeito a esse direito do consumidor, podemos citar o caso real da cobrança de gorjeta de 10% em bares e restaurantes destinada aos garçons.

Sobre o tema decidiu o Tribunal Regional Federal da 1ª Região, em julgamento de ação civil pública, que

> *o pagamento de acréscimo pecuniário (gorjeta), em virtude da prestação de serviço, possui natureza facultativa, a caracterizar a ilegitimidade de sua imposição, por mero ato normativo (Portaria 4/94, editada pela extinta SUNAB), e decorrente de convenção coletiva do trabalho, cuja eficácia abrange, tão-somente, as partes convenentes, não alcançando a terceiros, como no caso, em que se pretende transferir ao consumidor,*

compulsoriamente, a sua cobrança, em manifesta violação ao princípio da legalidade, insculpido em nossa Carta Magna (CF, art. 5º, II) e ao Código de Defesa do Consumidor (Lei nº 8.078/90, arts. 6º, IV, e 37, § 1º), por veicular informação incorreta, no sentido de que a referida cobrança estaria legalmente respaldada[29].

Da publicidade, o CDC tratou no capítulo V, Seção III; das práticas abusivas, na Seção IV e, das cláusulas abusivas, no Capítulo IV, Seção II.

5.2.5 Direito à modificação e revisão de cláusulas contratuais

Decorrência lógica do direito à proteção contra práticas comerciais desonestas e desleais é o direito do consumidor à modificação das cláusulas contratuais quando estabeleçam prestações desproporcionais e à revisão em razão de fatos supervenientes que as tornem excessivamente onerosas (CDC, art. 6º, inc. V).

Daí porque é vedado ao fornecedor de produtos ou serviços exigir do consumidor vantagem manifestamente excessiva (CDC, art. 39, inc. V), sendo nula de pleno direito qualquer cláusula que estabeleça obrigações consideradas iníquas, abusivas, que coloquem o consumidor em desvantagem exagerada, ou sejam incompatíveis com a boa-fé ou a equidade (CDC, art. 51, inc. IV).

5.2.6 Direito à prevenção e reparação de danos

Colorário do direito fundamental previsto no art. 5º, inc. V, da Constituição Federal, que assegura, além da indenização por dano material, a indenização por dano moral e à imagem, é a previsão do inc. VI, do art. 6º do CDC, segundo a qual se assegura o direito do consumidor a efetiva *prevenção* e *reparação* de danos *patrimoniais* e *morais*, *individuais*, *coletivos* e *difusos*, sendo nulas as cláusulas que impossibilitem, exonerem ou atenuem a responsabilidade do fornecedor por vícios de qualquer natureza dos produtos e serviços (CDC, art. 51, inc. I)[30].

---

[29] Processo: AC 2001.01.00.037891-8/DF; Ap. Cív. – Rel. Des. Fed. Souza Prudente – Órgão Julgador: 6ª T. – 13.10.2008 e DJF1 p. 95. Data da Decisão: 15.08.2008.

[30] Aproveitando o tema dano moral, convém mencionar que recentemente o STJ editou a Súmula 370 que prevê que *"caracteriza dano moral a apresentação antecipada de cheque pré-datado"*.

5.2.7 Direito à apreciação de lesão ou ameaça de direito pelos órgãos judiciários e administrativos

O consumidor tem assegurado também o direito de "*acesso aos órgãos judiciários e administrativos, com vistas à prevenção ou reparação de danos patrimoniais e morais, individuais, coletivos ou difusos, assegurada a proteção jurídica, administrativa e técnica aos necessitados*".

Disposição genérica se encontra no art. 5º, inc. XXXV, da Constituição Federal de que "*a lei não excluirá da apreciação do Poder Judiciário lesão ou ameaça a direito*".

5.2.8 Direito à facilitação da defesa

Por fim, o inc. VIII, do art. 6º do CDC assegura a facilitação da defesa dos direitos do consumidor, inclusive com a inversão do ônus da prova, a seu favor, no processo civil, quando, a critério do juiz, for verossímil a alegação ou quando for ele hipossuficiente, segundo as regras ordinárias de experiência.

Prevê o Código de Processo Civil que ao autor incumbe o ônus de provar o fato constitutivo do seu direito e, ao réu, o de provar o fato impeditivo, modificativo ou extintivo do direito do autor (CPC, art. 333).

As partes podem, todavia, convencionar em sentido contrário, mas desde que a relação contratual diga respeito a direitos disponíveis, ou desde que não torne impraticável o próprio direito da parte (CPC, art. 333, parágrafo único).

No âmbito das relações consumeristas, muitas vezes o ônus da prova torna impraticável o exercício do direito pelo consumidor, porque, não raramente, depende do conhecimento de informações que não estão a sua disposição. Atento a essa realidade, o legislador previu a possibilidade da inversão do ônus da prova, mas desde que haja o preenchimento de determinados requisitos (a verossimilhança das alegações ou a hipossuficiência do consumidor). Ainda, houve a previsão legal de que, em determinados casos, a prova incumbe ao fornecedor (CDC, arts. 12, § 3º, 14, § 3º, e 38).

Ônus da prova no Código de Processo Civil e no Código de Defesa do Consumidor			
Regra geral	Exceções à regra geral		
	Convencional	Judicial	Legal
Art. 333, CPC	Art. 333, parágrafo único, CPC	Art. 6º, VIII, CDC	Arts. 12, § 3º, 14, § 3º, e 38, CDC
Ao autor incumbe o ônus de provar o fato constitutivo do seu direito e, ao réu, o de provar o fato impeditivo, modificativo ou extintivo do direito do autor.	As partes podem convencionar em sentido contrário à regra geral, mas deste que a relação contratual diga respeito a direitos disponíveis, ou desde que não torne impraticável o próprio direito da parte.	Presentes a verossimilhança das alegações *ou* a hipossuficiência, é direito do consumidor a inversão do ônus probatório.	A inversão do ônus da prova foi determinada pelo próprio legislador.

5.2.8.1 Requisitos para a inversão do ônus da prova

Para a inversão do ônus da prova, é necessário o preenchimento de um dos dois requisitos previstos no inc. VIII, do art. 6º do CDC, quais sejam: verossimilhança das alegações ou hipossuficiência do consumidor.

É importante notar que o Código utiliza o conectivo *ou*, expressando ideia de alternância. Mas há quem defenda que, para ser beneficiado com a inversão do ônus da prova, o consumidor deve ser hipossuficiente *e* suas alegações devem ser verossímeis.

Por *verossimilhança* deve-se entender as alegações semelhantes à verdade, ou seja, aquelas que tenham grande probabilidade de traduzirem a realidade fática. Já a *hipossuficiência* do consumidor deve ser analisada segundo as regras ordinárias de experiência e é considerada a carência cultural ou material do consumidor para fins de defesa.

Entretanto, a vulnerabilidade do consumidor não importa em sua hipossuficiência. Como ensinam Arruda Alvim, *et al.*[31], a hipossuficiência

> é característica restrita aos consumidores que além de presumivelmente vulneráveis, vêem-se agravados nesta situação por sua

---

[31] ALVIM, Arruda; ALVIM, Thereza; ALVIM, Eduardo Arruda, Marins, James. **Código do Consumidor Comentado**. 2. ed. São Paulo: Revista dos Tribunais, 1995. p. 69.

individual condição de carência cultural, material ou, como ocorre com frequência, ambas. Como já visto em comentários anteriores, Antônio Herman de Vasconcelos e Benjamin *(et alli, op. cit., p. 224 e 225) traça com precisão essa importante distinção entre vulnerabilidade e hipossuficiência: "A vulnerabilidade é um traço universal de todos os consumidores, ricos ou pobres, educados ou ignorantes, crédulos ou espertos. Já a hipossuficiência é marca pessoal, limitada a alguns – até mesmo a uma coletividade, mas nunca a todos os consumidores".*

Requisitos para a inversão do ônus da prova	
Hipossuficiência do consumidor	– deve ser analisada segundo as regras ordinárias de experiência; – é a carência cultural ou material do consumidor para fins de defesa; – é marca pessoal do consumidor.
Verossimilhança das alegações	– se refere às alegações do consumidor semelhantes à verdade.

5.2.8.2 Inversão do ônus financeiro da prova pericial

Há dois entendimentos: o de que a inversão do ônus da prova inverte o ônus financeiro de sua produção e o de que ela não visa a desonerar o consumidor do pagamento dos custos financeiros da prova.

Posicionando-se de acordo com o primeiro entendimento, Antonio Carlos Efing[32] assevera que não se pode diferenciar uma coisa da outra. Sendo deferida a inversão, que decorre de ordem pública, há que se impor também os custos da prova ao fornecedor.

Já, de acordo com o segundo entendimento, o réu fornecedor, somente arca com as despesas da prova se requerer a sua produção. Se o ônus da prova for invertido e o pedido de prova não foi exclusivo do réu, o ônus financeiro de sua produção deve recair na pessoa do consumidor. Esse entendimento tem por fundamento o art. 33 do Código de Processo Civil, que dispõe, quanto à prova pericial, que *"cada parte pagará a remuneração do assistente técnico que houver indicado; a do perito será paga pela parte que houver requerido o exame, ou pelo autor, quando requerido por ambas as partes ou determinado de ofício pelo juiz".*

---

[32] EFING, Antônio Carlos. **Fundamentos do direito das relações de consumo.** Curitiba: Juruá, 2004. p. 101.

O STJ tem entendido que a inversão do ônus da prova não tem o efeito de obrigar a parte contrária a arcar com as custas da prova requerida pelo consumidor. Todavia, o fornecedor sofre as consequências processuais advindas de sua não produção[33].

Por outras palavras, se deferida a inversão do ônus da prova e não produzida a prova pericial necessária à apreciação da causa, presumir-se-ão verdadeiros os fatos alegados pelo consumidor.

5.2.8.3 Momento adequado para inversão do ônus da prova

Para alguns, a inversão do ônus da prova é *regra de procedimento*, ou seja, deve ser decretada antes da abertura da instrução probatória possibilitando que as partes tenham ciência dos ônus que lhes tocam.

Já para a maioria, inclusive para o STJ[34], a inversão do ônus da prova é *regra de julgamento*, ou seja, deve ser decretada na sentença e não acarreta cerceamento de defesa para as partes que assumem no processo os riscos decorrentes da produção das provas.

QUESTÃO DA OAB/PR

Questão 57 do Exame de Ordem – prova objetiva realizada em 19.11.2003.

Assinale a alternativa correta:

a) *É imprescindível, sob pena de indeferimento da petição inicial, a especificação justificada das provas que se pretende produzir em audiência, não bastando a mera indicação.*

b) *O rol de testemunhas, no procedimento ordinário, deve ser juntado pelas partes até a data da audiência em que deverão ser ouvidas.*

---

[33] AgRg no Ag 979525/SP – Ag. Reg. no Ag. Inst. 2007.0277150/7 – Rel. Min. Sidnei Beneti – Órgão Julgador: T3 – 3ª T. –. j. em: 07.08.2008 – DJe 28.08.2008.

[34] Ver REsp. 422.778/SP (2002.0032388.0). O entendimento do STJ é majoritário. Para o Ministro Castro Filho, por exemplo, o ônus da prova é regra de procedimento.

c) *Permite-se a intimação da parte através de seu advogado, para que preste depoimento pessoal, sob pena de confissão ficta.*

d) *Nas ações que versam sobre relações de consumo, é possível a inversão do ônus da prova, em favor do consumidor.*

Comentários à questão:

A alternativa correta é a letra d, *ex vi* do art. 6º, inc. VIII, do Código de Defesa do Consumidor.

A alternativa **a** não está correta, porque somente no procedimento sumário o pedido de produção de provas deve ser especificado e fundamentado na petição inicial (CPC, art. 276); no procedimento ordinário, basta a indicação das provas com que o autor pretende demonstrar a verdade dos fatos alegados (CPC, art. 282, inc. VI).

A alternativa **b** não está correta porque incumbe às partes, no prazo que o juiz fixar ao designar a data da audiência, depositar em cartório o rol de testemunhas ou, havendo omissão do juiz, no prazo de 10 (dez) dias antes da audiência (CPC, art. 407).

Já a alternativa **c** não está correta porque a intimação da parte para prestar depoimento pessoal deve ser feita pessoalmente, constando do mandado que se presumirão confessados os fatos contra ela alegados, caso não compareça ou, comparecendo, se recuse a depor (CPC, art. 343, § 1º).

Questão 21 – Concurso Público do Tribunal de Justiça do Estado do Paraná para o cargo de juiz substituto realizado em 2010.

O Código de Defesa do Consumidor estabelece normas de proteção e defesa do consumidor, de ordem pública e interesse social, nos termos dos arts. 5º, inc. XXXII, e 170, ins. V, da Constituição Federal e art. 48 de suas Disposições Transitórias.

São direitos básicos do consumidor previstos no art. 6º da Lei 8.078/90:

a) *A efetiva prevenção e reparação individual de danos patrimoniais e morais, somente.*

b) *Os serviços públicos em geral não se enquadram na proteção do consumidor.*

c) *A facilitação da defesa de seus direitos, inclusive com a inversão do ônus da prova, a seu favor, no processo civil, quando, a critério do juiz, for verossível a alegação ou quando for ele hipossuficiente, segundo as regras ordináris de experiências.*

d) *O consumidor terá direito à revisão contratual somente em caso de constarem em contrato cláusulas abusivas.*

Comentários à questão:

A alternativa correta é a letra C, pois de acordo com o inciso VIII do art. 6º do CDC.

A alternativa A está incorreta, pois há direito básico do consumidor, entre outros, não apenas a efetiva prevenção e reparação de danos patrimoniais e morais, mas também dos individuais, coletivos e difusos.

A alternativa B está incorreta, pois o consumidor tem direito à adequada e eficaz prestação dos serviços públicos em geral.

A alternativa D está incorreta, pois o consumidor tem direito também a modificação das cláusulas contratuais que estabeleçam prestações desproporcionais ou sua revisão em razão de fatos supervenientes que as tornem excessivamente onerosas;

6

DO FORNECIMENTO DE PRODUTOS E SERVIÇOS

6.1 CONCEITO DE FORNECIMENTO

Fornecimento, conforme ensina De Plácido e Silva[35], vem "*de fornecer (do francês fournir), significando o **ato de fornecer**. Na técnica do comércio, exprime a remessa de mercadorias periodicamente feita pelo fornecedor a seus fregueses ou clientes. (...) É tido, ainda, no sentido de **financiamento**, ou de qualquer **abastecimento** e **suprimento** de dinheiro, de coisas*".

6.2 ESPÉCIES DE FORNECIMENTO

O fornecimento pode apresentar qualidade ou não. Se não apresentar, dele decorrem três situações jurídicas que, "*embora se entrelacem e se sobreponham em alguns momentos, devem ser distinguidas para possibilitar a compreensão sistemática do tema*"[36]. Compreendem as referidas situações o fornecimento perigoso ou nocivo, o fornecimento defeituoso e o fornecimento viciado.

---

[35] SILVA, De Plácido. **Vocabulário Jurídico**. 15. ed. Rio de Janeiro: Forense, 1998. p. 367.
[36] COELHO, Fábio Ulhoa. **Curso de Direito Comercial**. 7. ed. São Paulo: Saraiva, 2003. v. 1, p. 245. A tipologia adotada no presente trabalho é da autoria de Fábio Ulhoa Coelho.

Essa forma de abordagem do assunto é a adotada por Fábio Ulhoa Coelho e será seguida neste resumo, mas é importante frisar que existem outras apresentadas pela doutrina, como a feita por Antônio Carlos Efing[37], para quem o fornecimento sem qualidade se divide em fato do produto (CDC, art. 12), fato do serviço (CDC, art. 14), vício do produto (CDC, arts. 18 e 19) e vício do serviço (CDC, art. 20). Essa, inclusive, é a que se encontra no CDC.

---

[37] EFING, Antônio Carlos. **Fundamentos do Direitos das Relações de Consumo**. Curitiba: Juruá, 2004. p. 131-134.

7

FORNECIMENTO PERIGOSO OU NOCIVO

7.1 CONCEITO

Como regra geral, os produtos e serviços fornecidos não podem acarretar riscos à saúde ou à segurança dos consumidores, porém admitem-se os riscos considerados normais e previsíveis em decorrência da natureza e fruição do produto ou serviço.

Como exemplo de *risco normal*, tem-se a faca, que se trata de um utensílio doméstico indispensável na cozinha, mas que apresenta riscos ao consumidor, que pode se cortar ao utilizá-la. Já como exemplo de *risco previsível*, cita-se o caso de um ferro de passar roupa ligado por muito tempo e esquecido sobre a tábua de passar, o que pode provocar um incêndio.

O fornecimento será perigoso ou nocivo quando causar dano à vida, à integridade física ou ao patrimônio do consumidor em decorrência da falta total ou parcial de informações que devem ser prestadas pelo fornecedor sobre os *riscos* que decorrem da utilização do produto ou serviço.

7.2 DEVER DE PRESTAR INFORMAÇÕES

Para assegurar que os consumidores não sejam expostos a outros riscos, que não os normais e os decorrentes da utilização do produto ou serviço, estabelece o CDC que é dever do fornecedor, de maneira ostensiva e adequada, prestar as informações necessárias para uma utilização segura do produto ou serviço colocado no mercado de consumo, e, sendo o produto industrial, devem as informações constar em impressos apropriados que acompanhem o produto.

Assim, por exemplo, uma série de restrições é imposta à fabricação e comercialização dos agrotóxicos, que são tratados pela Constituição Federal como substâncias que comportam risco para a vida, a qualidade de vida e o meio ambiente (CF, art. 225, inc. V, § 1º).

Estabelece a Lei 7.802/89 um conteúdo mínimo para os rótulos das embalagens dos agrotóxicos e seus afins, sob pena de impossibilidade de registro, transporte, venda, importação ou uso do produto.

Como ensina Paulo Affonso Leme Machado[38],

> *Interessa salientar que nos agrotóxicos há riscos inadmissíveis e riscos admissíveis. O procedimento de registro visa, evidentemente, a separar essa classe de riscos. Como se aponta neste capítulo, a lei brasileira considera determinados riscos como não-aceitáveis ou inadmissíveis. Assim, legitimamente há de ser esperado que o produto agrotóxico registrado não produza esses riscos contrários à lei (art. 12, § 1º, acima referido) Incumbirá, assim, ao fabricante, produtor, registrante e importador provar que o produto agrotóxico não contém os riscos inadmitidos pela lei e pela regulamentação brasileira.*

7.3 PRODUTO OU SERVIÇO ALTAMENTE PERIGOSO. *RECALL*

É expressamente vedada a colocação, no mercado de consumo, de produtos ou serviços reconhecidamente perigosos ou que o fornecedor deveria saber perigosos (CDC, art. 10).

Pode acontecer, no entanto, que, somente após a introdução no mercado, se descubra o alto grau de periculosidade do produto ou serviço, tendo o fornecedor, neste caso, a obrigação de comunicar o fato imediatamente às autoridades competentes *e* aos consumidores, mediante anúncios publicitários que serão veiculados na imprensa, rádio e televisão, às suas expensas.

---

[38] MACHADO, Paulo Affonso Leme. **Direito Ambiental Brasileiro**. 11. ed. São Paulo: Malheiros, 2002. p. 568.

Trata-se do chamado *recall*, o qual, conforme os ensinamentos de José Geraldo Brito Filomeno[39]:

> *complementa o rol de instrumentos de **marketing** de defesa do consumidor, pois, como sabido, funciona como inteligente e eficaz comunicação positiva como aquele chamado para trocar um peça defeituosa de um veículo, por exemplo, o que sem dúvida contribui não só para a boa imagem da empresa, como também para a segurança e economia do consumidor.*

Cita o referido autor inúmeros exemplos do *recall*:

– A questão da retirada do mercado internacional de milhões de litros de água mineral da afamada empresa francesa *Perrier* por suspeita de contaminação de suas fontes por benzeno, o que certamente lhe causou milhões de francos em prejuízo, mas, em contrapartida, reforço na credibilidade e prestígio junto aos consumidores, por razões mais que óbvias.

– A General Motors do Brasil acabou igualmente por convocar todos os adquirentes de sua linha 90 de veículos "Kadett" e perua "Ipanema" para a troca, sem qualquer ônus para o consumidor, de uma peça denominada "cabo de extensão da válvula solenóide da marcha lenta do carburador", a qual, na prática deixaria o usuário a pé.

– O caso do medicamento "Tylenol", da Johnson & Johnson, igualmente ficou célebre, porque denunciada a morte de algumas pessoas por envenenamento. Embora a responsabilidade criminal fosse de um desequilibrado que tinha acesso a comprimidos do produto, a empresa rapidamente retirou seus estoques do mercado e encetou diligências no sentido de reformular as embalagens, agora invioláveis.

A falta de comunicação às autoridades competentes e aos consumidores acerca da nocividade ou periculosidade de produtos cujo conhecimento seja posterior à sua colocação no mercado, consti-

---

[39] FILOMENO, José Geraldo Brito. **Manual de Direitos do Consumidor**. 6. ed. São Paulo: Atlas, 2003. p. 155.

tui crime previsto no art. 64 do CDC que enseja a aplicação de pena de detenção de seis meses a dois anos e multa.

A comunicação à autoridade administrativa competente possibilita a ela, além de aperfeiçoar a comunicação aos consumidores, aplicar as sanções administrativas cabíveis, como, por exemplo, a retirada do produto do mercado de consumo, a qual, se não for imediatamente cumprida pelo fornecedor, dá ensejo à aplicação das mesmas penas previstas no art. 64.

Vale registrar, por fim, que o *recall* se aplica não somente ao fornecimento perigoso ou nocivo, mas também ao fornecimento defeituoso e ao viciado, conforme se verifica dos exemplos acima citados.

7.4 RESPONSABILIDADE PELO FORNECIMENTO PERIGOSO

A responsabilidade pelo fornecimento perigoso é solidária (CDC, art. 25, § 1º) e objetiva (CDC, art.s 12 e 14, *caput*). *Solidária* quando houver mais de um responsável pela causação do dano. *Objetiva* porque independe da culpa do fornecedor e decorre do descumprimento do dever de pesquisar e informar sobre os riscos do produto ou serviço a que se expõe o consumidor na sua aquisição.

Para a caracterização da responsabilidade, deve-se verificar se a conduta do consumidor pode ser atribuída à falta de informações suficientes para assegurar o uso correto do produto ou serviço. Se não se puder, não há como se falar em responsabilização do fornecedor, mas sim do consumidor, nos termos do art. 12, § 3º, inc. III, e art. 14, § 3º, inc. II, do CDC, que tratam de hipóteses em que o fornecedor (fabricante, construtor, produtor ou importador) não será responsabilizado, havendo culpa exclusiva do consumidor ou do terceiro.

7.5 PRESCRIÇÃO DA AÇÃO POR ACIDENTE DE CONSUMO

A pretensão à reparação pelos danos causados pelo fornecimento perigoso ou nocivo prescreve em 5 (cinco) anos, iniciando-se a contagem do prazo a partir do conhecimento do dano e de sua autoria (CDC, art. 27).

	Fornecimento perigoso ou nocivo
Conceito	O fornecimento será perigoso ou nocivo quando causar dano à vida, à integridade física ou ao patrimônio do consumidor em decorrência da falta total ou parcial de informações que devem ser prestadas pelo fornecedor sobre os *riscos* que decorrem da utilização do produto ou serviço.
Responsabilidade	É solidária e objetiva.
Prescrição	O prazo de prescrição da ação por acidente de consumo é de 5 anos, iniciando-se a contagem a partir do conhecimento do dano e de sua autoria.

8

FORNECIMENTO DEFEITUOSO

8.1 CONCEITO

O Código do Consumidor conceitua produto ou serviço defeituoso como aquele que não oferece a segurança que dele legitimamente se espera, levando-se em consideração, no caso do produto, sua apresentação, o uso e os riscos que razoavelmente dele se esperam e a época em que foi colocado em circulação (CDC, art. 12, § 1º) e, no caso do serviço, o modo de seu fornecimento, o resultado e os riscos que razoavelmente dele se esperam e a época em que foi fornecido (CDC, art. 14, § 1º).

Outro é o entendimento de Fábio Ulhoa Coelho[40], para quem a questão defeito "*é conceito objetivo, que não se pode pautar em expectativas dos usuários*".

O que deve ser levado em conta, ensina o autor, é que "*a disparidade entre o esperado e a realidade do produto ou serviço deve ser apontada pela ciência ou tecnologia especializada*". Assim, para ele, o defeito é definido como

> *a impropriedade no produto ou serviço de que resulta dano à saúde, integridade física ou interesse patrimonial do consumidor, definindo-se aquela a partir de elementos técnicos capazes de apontar no fornecimento a frustração de expectativa legitimamente esperada pelo saber científico ou tecnológico, da época de seu oferecimento ao mercado de consumo.*

---

[40] COELHO, Fábio Ulhoa. **Curso de Direito Comercial**. 7. ed. São Paulo: Saraiva, 2003. v. 1, p. 247-248.

8.2 ESPÉCIES DE DEFEITOS

Segundo o *caput* do art. 12 do CDC, os defeitos dos produtos podem ser decorrentes de projeto, fabricação, construção, montagem, fórmulas, manipulação, apresentação ou acondicionamento dos produtos, bem como decorrentes da falta ou inadequação de informações sobre sua utilização e riscos.

Já no que se refere aos defeitos dos serviços, dispõe o art. 14 do CDC, de forma genérica, que decorrem de sua prestação, bem como da falta ou inadequação de informações sobre sua fruição e riscos.

São, portanto, três as espécies de defeitos que podem ser extraídos da leitura dos citados dispositivos legais: o de *concepção ou criação do projeto*, o da sua *execução ou produção* e o de *informação ou comercialização*[41].

O defeito de informação ou comercialização, cumpre ressaltar, se refere à falta ou inadequação das informações sobre a utilização e sobre os riscos dos produtos ou serviços. Se a falta for de *informação sobre a utilização do produto ou serviço,* o fornecimento será defeituoso; se for *sobre os riscos*, conforme já visto, será hipótese de fornecimento defeituoso.

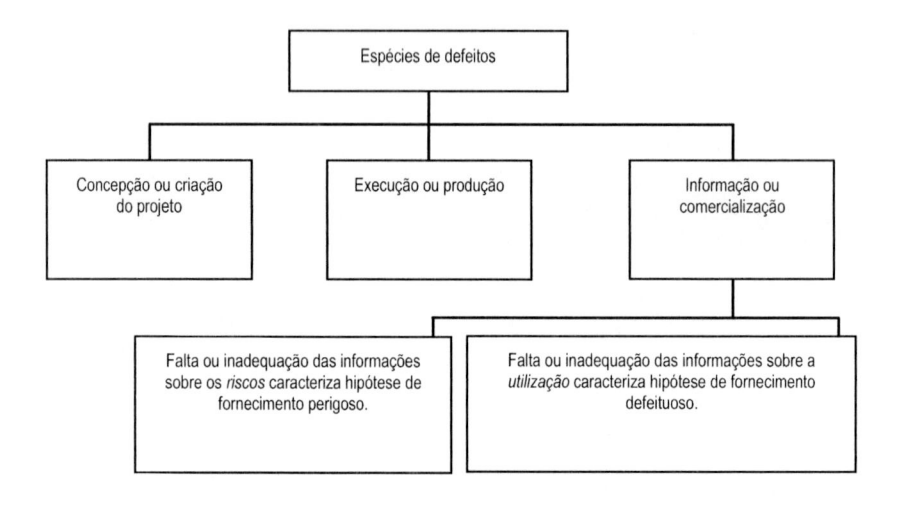

```
                    Espécies de defeitos
        ┌───────────────────┼───────────────────┐
  Concepção ou criação   Execução ou        Informação ou
      do projeto          produção          comercialização
                                    ┌───────────────┴───────────────┐
                            Falta ou inadequação       Falta ou inadequação
                            das informações sobre      das informações sobre
                            os riscos caracteriza      a utilização caracteriza
                            hipótese de fornecimento   hipótese de fornecimento
                            perigoso.                  defeituoso.
```

---

[41] COELHO, Fábio Ulhoa. **Curso de Direito Comercial**. 7. ed. São Paulo: Saraiva, v. 1, p. 276 e ss.

8.3 QUALIDADE DO PRODUTO OU SERVIÇO

A qualidade do produto ou serviço está relacionada com a existência de normas técnicas expedidas pelos órgãos oficiais competentes ou, se normas específicas não existirem, pela Associação Brasileira de Normas Técnicas (ABNT) ou outra entidade credenciada pelo Conselho Nacional de Metrologia, Normalização e Qualidade Industrial – Conmetro.

Com efeito, o CDC considera prática abusiva colocar no mercado de consumo qualquer produto ou serviço em desacordo com essas normas (CDC, art. 39, inc. VIII), mas não considera defeituoso o produto pelo fato de outro de melhor qualidade ter sido colocado no mercado ou, no caso do serviço, pela adoção de novas técnicas (CDC, arts. 12, § 2º, e 14, § 2º).

A ressalva do Código permite ao fornecedor atuar no mercado visando atingir o consumidor de média ou baixa renda, o que beneficia ambas as partes.

8.4 RESPONSABILIDADE PELO FORNECIMENTO DEFEITUOSO

8.4.1 Quanto ao fornecimento de *produto* defeituoso

A responsabilidade pelo fornecimento defeituoso de produto além de *solidária* (CDC, art. 25, § 1º), é *objetiva* (CDC, art. 12, *caput*), isto é, independente de culpa do fabricante, do produtor, do construtor, nacionais ou estrangeiros, e do importador.

8.4.1.1 Excludentes da responsabilidade

O CDC, em seu art. 12, § 3º, prevê, em rol não exaustivo, causas de exclusão da responsabilidade do fornecedor fabricante, do produtor, do construtor, do importador. São elas:

    a) a prova de que não colocou o produto no mercado, sendo irrelevante se de forma gratuita ou onerosa;

    b) a prova de que, embora tenha colocado o produto no mercado, o defeito não existe;

c) e, por fim, a prova de que a culpa é *exclusiva* do consumidor ou de terceiro (alheio à relação de consumo), caso em que estes respondem integralmente pelos danos que eventualmente tenham sofrido ou causado.

O CDC fala apenas em culpa exclusiva como causa de exclusão da responsabilidade do fornecedor, mas nossos Tribunais, inclusive o STJ, admitem a culpa concorrente (quando a conduta do consumidor contribui para a ocorrência do ilícito), caso em que a responsabilidade do fornecedor se atenua, sendo adotado o critério da proporcionalidade na distribuição dos prejuízos.

O *caso fortuito* e a *força maior* são causas de exclusão não incluídas no rol do § 3º do art. 12 do CDC. *Se ocorrerem antes da introdução do produto no mercado de consumo*, o fornecedor nada pode alegar em sua defesa, eis que é seu dever fornecer bens que não apresentem perigo, defeitos ou vícios. *Se ocorrerem após*, tem-se a excludente de responsabilidade do fornecedor, tendo em vista que não haverá nexo de causalidade entre a sua conduta e os danos ocasionados ao produto em decorrência da força maior ou do caso fortuito.

8.4.1.2 Responsabilidade do comerciante

Será *objetiva* quando não se puder identificar, com facilidade, o fabricante, o construtor, o produtor e o importador do produto defeituoso (CDC, art. 13, incs. I e II).

Será *subjetiva*, isto é, baseada na culpa do comerciante, quando o dano decorrer de má conservação de produto perecível (CDC, art. 13, inc. III). E, em que pese à responsabilidade prevista para o caso de ser subjetiva, mantém-se a distribuição do ônus probatório desenhada pelo legislador, ou seja, *"cabe ao comerciante demandado provar que não incorreu em prática culposa na conservação do produto"*[42].

8.4.1.3 Direito de regresso

Dispõe o parágrafo único do art. 13 do CDC que *"aquele que efetivar o pagamento ao prejudicado poderá exercer o direito de regresso contra os demais responsáveis, segundo sua participação na causação do evento danoso"*.

---

[42] COELHO, Fábio Ulhoa. **Curso de Direito Comercial**. 7. ed. São Paulo: Saraiva, 2003. v. 1, p. 283.

Embora o direito de regresso conste como parte integrante do art. 13, que trata da responsabilidade do comerciante, referido parágrafo não se refere apenas a ele e muito menos restringe a responsabilidade pelo fornecimento perigoso ou pelo defeituoso.

A ação de regresso poderá ser ajuizada em processo autônomo, *facultada* a possibilidade de prosseguir-se nos autos em que houve a condenação pelo dano causado ao consumidor, *vedada a denunciação da lide* (CDC, art. 83).

8.4.2 Quanto ao fornecimento de *serviço* defeituoso

Também o fornecedor de serviços responde, independentemente de culpa, pelo fornecimento defeituoso, sendo a sua responsabilidade *objetiva* (CDC, art. 14, *caput*) e *solidária* (CDC, art. 25, § 1º).

8.4.2.1 Excludentes da responsabilidade

São causas excludentes da responsabilidade do fornecedor de serviços, segundo rol não exaustivo do art. 14, parágrafo 3º, do CDC:

– a prova de que o defeito não existe;

– ou a de que a culpa é *exclusiva* do consumidor ou de terceiro, caso em que estes respondem integralmente pelos danos que eventualmente tenham sofrido.

A culpa concorrente é aceita também pelos nossos tribunais como excludente da responsabilidade do fornecedor de serviços, sendo adotado o critério da proporcionalidade na distribuição dos prejuízos.

Segundo José Carlos de Oliveira[43]

> *as eximentes do **caso fortuito** e da **força maior** atuam como excludentes de responsabilidade do prestador de serviços, e de uma forma muito mais intensa, por isso que podem manifestar-se durante ou após a prestação de utilidade ou comodidade ao consumidor (v.g., um hospital pode eximir-se de responsabilidade pelo fato de serviço, alegando corte no fornecimento de energia elétrica ocorrido durante ou após o ato operatório). Jamais, contudo, quando forem anteriores à prestação dos serviços.*

---

[43] OLIVEIRA, José Carlos de. **Código de Defesa do Consumidor**. 3. ed. São Paulo: Lemos e Cruz, 2002. p. 63.

8.4.2.2 Responsabilidade do profissional liberal

Por *profissional liberal* deve-se entender aquele que exerce profissão, via de regra intelectual, de forma autônoma, tais como o advogado, o médico, o dentista, o engenheiro. *"O caráter distintivo da profissão liberal está principalmente em ser uma profissão, cujo êxito decorre da maior ou menor capacidade intelectual do profissional"*[44].

Pode acontecer, no entanto, que o profissional liberal esteja vinculado a um contrato de trabalho, regulado e protegido pelas leis trabalhistas.

A distinção entre profissional liberal autônomo e o subordinado é importante porque reflete na sua responsabilização. De acordo com o art. 14, § 4º, do CDC, os profissionais liberais (autônomos) respondem apenas pelos danos decorrentes de conduta culposa, sendo sua *responsabilidade subjetiva*.

A doutrina ressalta, no entanto, que o dispositivo não se aplica às pessoas jurídicas prestadoras de serviços liberais, como a sociedade de médicos ou de advogados, as quais devem responder objetivamente pelos defeitos na prestação de serviços, porque, nestes casos, não se configura a prestação de serviços *intuitus personae* encontrada na relação cliente x profissional liberal autônomo.

Quanto aos hospitais entende o STJ que

> *o cadastro que os hospitais normalmente mantêm de médicos que utilizam suas instalações para a realização de cirurgias não é suficiente para caracterizar relação de subordinação entre médico e hospital. Na verdade, tal procedimento representa um mínimo de organização empresarial.*

Daí que

> *a responsabilidade do hospital somente tem espaço quando o dano decorrer de falha de serviços cuja atribuição é afeta única e exclusivamente ao hospital. Nas hipóteses de dano decorrente de falha técnica restrita ao profissional médico, mormente quando este não tem nenhum vínculo com*

---

[44] SILVA, De Plácido. **Vocabulário Jurídico**. 15. ed. Rio de Janeiro: Forense, 1998. p. 647.

o hospital – seja de emprego ou de mera preposição –, não cabe atribuir ao nosocômio a obrigação de indenizar[45].

8.5 PRESCRIÇÃO DA AÇÃO POR ACIDENTE DE CONSUMO

A pretensão à reparação pelos danos causados pelo fornecimento defeituoso prescreve em 5 (cinco) anos, iniciando-se a contagem do prazo a partir do conhecimento do dano e de sua autoria (CDC, art. 27).

	Fornecimento defeituoso
Conceito	O fornecimento será defeituoso quando o produto ou serviço não oferecer a segurança que dele legitimamente se espera ou quando a impropriedade no produto ou serviço de que resulta dano à saúde, integridade física ou interesse patrimonial do consumidor partir de elementos técnicos capazes de apontar no fornecimento a frustração de expectativa legitimamente esperada pelo saber científico ou tecnológico, da época de seu oferecimento ao mercado de consumo (Fábio Ulhoa Coelho).
Responsabilidade	**Pelo fornecimento de produto defeituoso:** é solidária e objetiva. **São excludentes:** a prova de que o fornecedor não colocou o produto no mercado; a de que, embora o tenha colocado, o defeito não existe; a de que a culpa é *exclusiva* do consumidor ou de terceiro; o caso fortuito e a força maior. A **responsabilidade do comerciante** é subjetiva quando o dano decorrer da má conservação do produto, e será objetiva quando não se puder identificar, com facilidade, o fabricante, o construtor, o produtor e o importador do produto defeituoso. **Pelo fornecimento de serviço defeituoso:** é solidária e objetiva. **São excludentes:** a prova de que o defeito não existe; a de que a culpa é exclusiva do consumidor ou de terceiro; o caso fortuito e a força maior. A **responsabilidade do profissional liberal** autônomo é subjetiva; a das pessoas jurídicas prestadoras de serviços liberais é objetiva.
Prescrição	A pretensão à reparação pelos danos causados pelo fornecimento defeituoso prescreve em 5 (cinco) anos, iniciando-se a contagem do prazo a partir do conhecimento do dano e de sua autoria.

---

[45] REsp. 351178/SP – REsp. 2001/0108187-8 – Rel. Min. Massami Uyeda – Relator para Acórdão: Min. João Otávio de Noronha. Órgão Julgador: T4 – 4ª T. – j. em: 24.06.2008 – DJe 24.11.2008.

QUESTÃO DE CONCURSO

Questão 42 do 19º Concurso para Provimento de Cargos de Procurador da República – Ministério Público Federal, realizado em 2002.

O profissional liberal, quando exerce suas atividades específicas:

a) em regra, assume obrigação de resultado;

b) mesmo sob vínculo de emprego é considerado fornecedor de serviços para efeito de incidência do Código de Defesa do Consumidor;

c) é responsável por fato do serviço diretamente prestado ao consumidor, dependendo a sua culpa de verificação, sem prejuízo da inversão do ônus da prova;

d) nenhuma alternativa acima é correta.

Comentários à questão:

A resposta correta é a letra c. Dispõe o art. 14, § 4º, do Código do Consumidor que a responsabilidade pessoal dos profissionais liberais será apurada mediante a verificação de culpa, o que não afasta a inversão do ônus da prova em favor do consumidor. Cumpre ao profissional liberal fazer prova da inexistência de culpa na prestação do serviço ao consumidor.

A obrigação do profissional liberal, em regra, é de meio e, se ele estiver vinculado a um contrato de trabalho, é a pessoa jurídica prestadora de serviços liberais que deve responder objetivamente pelos defeitos na prestação de serviços.

Questão 20 – Concurso Público do Tribunal de Justiça do Estado do Paraná para o cargo de juiz substituto realizado em 2010.

O fabricante, o produtor, o construtor, nacional ou estrangeiro, e o importador respondem, independentemente da existência de culpa (responsabilidade civil objetiva), pela reparação dos danos causados aos consumidores por defeitos decorrentes de projeto, fabricação, construção, montagem, fórmulas, manipulação, apresentação ou acondicionamento de seus produtos, bem como por informações insuficientes ou inadequadas sobre sua utilização e riscos.

*Partindo desse contexto, marque a alternativa **INCORRETA**:*

a) *O produto PE defeituoso quando não oferece a segurança que dele legitimamente se espera, levando-se em consideração as circunstâncias relevantes, entre as quais a sua apresentação; o uso e os riscos que razoávelmente dele se esperam e a época em que foi colocado no mercado.*

b) *O produto é considerado defeituoso pelo de outro de melhor qualidade ter sido colocado no mercado de consumo.*

c) *O fabricante, o construtor, o produtor ou importador só não serão responsabilizados quando provarem que não colocaram o produto no mercado; ou quando, embora tenham colocado o produto no mercado, o defeito inexiste; ou ainda quando por culpa exclusiva do consumidor ou de terceiro.*

d) *O comerciante é igualmente responsável: quando o fabricante, o construtor, o produtor ou o importador não puderem ser identificados; quando o produto for fornecido sem identificação clara do seu fabricante, produtor, construtor ou importador; ou não conservar adequadamente os produtos perecíveis.*

Comentários à questão:

A alternativa incorreta é a letra B, pois o produto não é considerado defeituoso pelo fato de outro de melhor qualidade ter sido colocado no mercado de consumo. A ressalva do Código permite ao fornecedor atuar no mercado visando atingir o consumidor de média ou baixa renda, o que beneficia ambas as partes.

As demais alternativas estão de acordo com os arts. 12 e 13 do CDC.

9

FORNECIMENTO VICIADO

9.1 CONCEITO

Por fornecimento de produto ou serviço viciado deve-se entender aquele que não se presta para a finalidade a que se destina (produto ou serviço impróprio), *sem que isso acarrete* dano à saúde, à integridade física e ao patrimônio do consumidor, porque se houver prejuízo, restará caracterizado o fornecimento defeituoso e não o viciado[46].

9.1.1 Produtos impróprios

São duas as espécies de produtos impróprios: os que são totalmente inutilizáveis e os cuja utilização a lei proíbe ao estabelecer uma presunção absoluta de vício. Fábio Ulhoa Coelho[47] chama o primeiro caso de impropriedade intrínseca e o segundo, de impropriedade extrínseca.

Há *impropriedade intrínseca* nos produtos deteriorados, alterados, adulterados, avariados, corrompidos, nocivos à vida ou à saúde, e nos perigosos.

Há *impropriedade extrínseca* nos produtos cujos prazos de validade estejam vencidos, nos produtos falsificados ou fraudados e naqueles em desacordo com as normas regulamentares de fabricação, distribuição ou apresentação.

---

[46] As despesas efetuadas com a reclamação perante o fornecedor, como as decorrentes de idas ao seu estabelecimento, não descaracterizam o fornecimento viciado.
[47] COELHO, Fábio Ulhoa. **Curso de Direito Comercial**. 7. ed. São Paulo: Saraiva, 2003. v. 1, p. 288.

9.1.2 Serviços impróprios

Quanto aos serviços impróprios, segundo o mesmo autor, há *impropriedade intrínseca* quando os serviços se mostram inadequados para os fins que razoavelmente deles se esperam, e há *impropriedade extrínseca* naqueles que não atendem às normas regulamentares de prestabilidade.

9.2 DIFERENÇAS ENTRE VÍCIOS REDIBITÓRIOS REGULADOS PELO CÓDIGO CIVIL E VÍCIOS OCULTOS OU APARENTES REGULADOS PELO CÓDIGO DE DEFESA DO CONSUMIDOR

9.2.1 Conceitos

O *vício redibitório* é o *vício oculto*, ou seja, de difícil constatação, que torna a coisa imprópria ao uso a que se destina ou lhe diminui o valor. São vícios que, se fossem do conhecimento do contratante, determinariam a não realização do negócio.

Na seara consumerista, além de responder pelos vícios ocultos, responde o fornecedor também pelos *vícios aparentes*, os quais são definidos como sendo os de fácil constatação. Vale lembrar, também, que o CDC faz diferenciação entre os vícios de qualidade e quantidade de produtos e os vícios de qualidade no fornecimento de serviços *(ver item 9.3.1 – Vício de qualidade ou quantidade do produto e item 9.3.2 – Vício de qualidade do serviço)*.

9.2.2 Vinculação contratual

Exige o art. 441 do Código Civil que a coisa seja recebida em virtude de contrato comutativo. Já no âmbito das relações de consumo, não existe exigência de vínculo contratual, de modo que o consumidor pode demandar o *fornecedor imediato* (comerciante, prestador de serviço originário) ou o *fornecedor mediato* (fabricante, produtor, construtor, prestador de serviço secundário).

Apenas em duas circunstâncias o fornecedor imediato será sempre o demandado:

- no caso de *produto in natura*⁴⁸, porque difícil a identificação do seu produtor. Mas, claro, sendo ela possível, a responsabilidade será imputada ao produtor (CDC, art. 18, § 5º).
- e, no caso de vício de quantidade em produtos decorrentes de pesagem ou medição feita por instrumento não aferido segundo padrões oficiais (CDC, art. 19, § 2º).

9.2.3 Extensão dos vícios

No campo do direito consumerista, qualquer dano, ainda que de pequeno valor, enseja a reparação. Já na esfera cível, o vício deve ser grave ao ponto de prejudicar a utilização da coisa ou acarretar diminuição considerável de seu valor.

9.2.4 Responsabilidade

No âmbito das relações de consumo, a responsabilidade do fornecedor é objetiva. Já na esfera cível, a responsabilidade se verifica somente *se ficar comprovada a má-fé do contratante*, caso em que ele restituirá o que recebeu, com perdas e danos. *Se a má-fé não restar comprovada*, o contratante terá apenas que restituir o valor recebido, mais as despesas do contrato (CCB, art. 443).

No art. 1.102 do Código Civil de 1916, era permitida a pactuação de cláusula expressa para isentar o alienante de sua responsabilidade pela ignorância dos vícios redibitórios. No atual Código Civil, o artigo foi suprimido, mas permanece a possibilidade, haja vista a aplicabilidade do *princípio da autonomia da vontade*. Já o Código do Consumidor dispõe expressamente que a ignorância do fornecedor **nunca** o eximirá de sua responsabilidade (CDC, art. 23).

9.2.5 Prazos de decadência

9.2.5.1 *No Código de Defesa do Consumidor*

Quanto aos vícios aparentes, o consumidor decai *do direito de reclamar*, em 30 (trinta) dias, tratando-se de fornecimento de servi-

---

⁴⁸ Produto *in natura* é o produto natural, agrícola ou pastoril, não exposto a qualquer processo de industrialização.

ços e de produtos não duráveis e, em 90 (noventa) dias, tratando-se de fornecimento de serviços e de produtos duráveis[49].

Duráveis "são os produtos e serviços de vida útil não efêmera, cuja fruição prolonga-se, relativamente no tempo"[50]. *Não duráveis "são aqueles de utilização imediata, cuja existência termina pouco tempo depois de sua aquisição"*[51]. *"Em situações limite, sendo duvidosa a natureza do fornecimento, deve-se reputá-lo durável, como meio de assegurar amplamente a tutela dos consumidores"*[52].

A contagem do prazo inicia-se a partir da entrega efetiva do produto ou do término da execução dos serviços no caso de vício aparente.

Tratando-se de vício oculto, os prazos são os mesmos e sua contagem inicia-se no momento em que ficar evidenciado o defeito.

O CDC prevê *duas hipóteses de suspensão do prazo de decadência*: a reclamação comprovadamente formulada pelo consumidor perante o fornecedor de produtos e serviços e a instauração de inquérito civil.

O prazo volta a correr pelo tempo restante da resposta negativa do fornecedor, no primeiro caso, e, no segundo, do encerramento do inquérito civil.

A resposta do fornecedor deve ser transmitida de forma inequívoca, podendo a prova da reclamação ser feita por documento escrito ou por testemunha.

---

[49] A doutrina discute se o prazo previsto no art. 26 é prescricional ou decadencial. Para EFING, não se trata nem de prazo decadencial, nem de prazo prescricional, uma vez que o art. 26 dispõe que o prazo de trinta dias é para *reclamar* e *não para ajuizar a ação*. Mas o efeito produzido, segundo o autor, é o mesmo, ou seja, a impossibilidade de ingresso em via judicial. EFING, Antônio Carlos. **Fundamentos dos Direitos das Relações de Consumo**. Curitiba: Juruá, 2004. p. 151-153.

[50] SILVA, Jorge Alberto Quadros de Carvalho. **Código de Defesa do Consumidor Anotado**. São Paulo: Saraiva, 2001. p. 91.

[51] SILVA, Jorge Alberto Quadros de Carvalho. **Código de Defesa do Consumidor Anotado**. São Paulo: Saraiva, 2001. p. 91.

[52] COELHO, Fábio Ulhoa. **Curso de Direito Comercial**. 7. ed. São Paulo: Saraiva, 2003. v. 1, p. 298.

Prazos de decadência para os vícios aparente e oculto do CDC		
VÍCIOS APARENTES		
Espécie de fornecimento	Prazo	Início da contagem do prazo
serviço ou produto não duráveis	30 dias	A contagem do prazo inicia-se a partir da entrega efetiva do produto ou do término da execução do serviço..
serviço ou produto duráveis	90 dias	
VÍCIO OCULTO		
Espécie de fornecimento	Prazo	Início da contagem do prazo
serviço ou produto não duráveis	30 dias	A contagem do prazo inicia-se no momento em que ficar evidenciado o defeito.
serviço ou produto duráveis	90 dias	

9.2.5.2 No Código Civil

O direito de obter a redibição ou abatimento no preço decai em 30 (trinta) dias se a coisa for móvel e, em 1 (um) ano, se for imóvel.

O prazo se conta da entrega efetiva do bem ou, se o adquirente já estava na sua posse, da data da alienação, porém reduzido à metade.

Se o vício, por sua natureza, só puder ser conhecido mais tarde, o prazo será contado do momento em que dele tiver ciência o adquirente, até o prazo máximo de 180 (cento e oitenta) dias, em se tratando de móveis, e de 1 (um) ano, para os imóveis.

Não se aplicam à decadência as normas que impedem, suspendem ou interrompem a prescrição (CCB, art. 207).

Prazos de decadência para o vício redibitório do Código Civil		
REGRA GERAL – ART. 445, *CAPUT*:		
Bem	Prazo	Início da contagem do prazo
Móvel	30 dias	Conta-se o prazo da entrega efetiva; se o adquirente já estava na posse, o prazo conta-se da alienação, reduzido à metade.
Imóvel	1 ano	
QUANDO O VÍCIO, POR SUA NATUREZA, SÓ PUDER SER CONHECIDO MAIS TARDE, ART. 445, § 1º:		
Bem	Prazo	Início da contagem do prazo
Móvel	180 dias	O prazo conta-se do momento em que o adquirente tem a ciência do vício.
Imóvel	1 ano	

9.2.6 Ações

Nas relações de consumo em que haja vício do produto ou serviço prestado pelo fornecedor, pode o consumidor optar pela ação executória específica, pela ação redibitória ou pela ação estimatória. Nos contratos cíveis, tem o contratante apenas a opção pelas ações redibitória ou estimatória.

9.3 ESPÉCIES DE VÍCIOS

9.3.1 Vícios de qualidade ou quantidade do produto

9.3.1.1 Direito do fornecedor de substituir as partes viciadas do produto

De acordo com o art. 18 do CDC, *atribui-se ao fornecedor o direito de substituir as partes viciadas de produtos* de consumo duráveis ou não duráveis com vícios de qualidade ou quantidade que os tornem impróprios ou inadequados ao consumo a que se destinam ou lhes diminuam o valor, assim como aqueles decorrentes da disparidade com as indicações constantes do recipiente, da embalagem, rotulagem ou mensagem publicitária, respeitadas as variações decorrentes de sua natureza.

Tratando-se, todavia, da hipótese prevista no art. 19 do CDC, ou seja, em que o conteúdo líquido do produto é inferior às indicações constantes do recipiente, da embalagem, rotulagem ou de mensagem publicitária, *o fornecedor **não** tem direito ao prazo para tentar sanar os defeitos*, sendo o saneamento do vício previsto como uma das alternativas colocadas à disposição do consumidor.

9.3.1.2 Prazo para substituição

O prazo para que o vício seja sanado é de 30 (trinta) dias, podendo as partes convencionar a sua redução ou ampliação, porém nunca em prazo inferior a 7 (sete) nem superior a 180 (cento e oitenta) dias.

Para evitar abusos por parte do fornecedor, o CDC prevê que, nos contratos de adesão, a cláusula de prazo deverá ser convencionada em separado, por meio de manifestação expressa do consumidor.

9.3.1.3 Ações cabíveis

No caso do art. 18, não sendo o vício sanado no prazo estabelecido pelo Código ou no prazo convencionado pelas partes, pode o consumidor exigir, alternativamente e à sua escolha:

- ou a substituição do produto por outro da mesma espécie, em perfeitas condições de uso (ação executória específica);
- ou a restituição imediata de quantia paga, monetariamente atualizada, sem prejuízo de eventuais perdas e danos (ação redibitória);
- ou o abatimento proporcional do preço (ação estimatória).

O consumidor pode fazer uso imediato dessas alternativas, isto é, sem a observância de prazo para que o fornecedor sane o vício do produto, sempre que, em razão da extensão do vício, a substituição das partes viciadas puder comprometer a qualidade ou características do produto, diminuir-lhe o valor ou quando se tratar de produto essencial.

Se o consumidor optar pela substituição do produto por outro da mesma espécie e não sendo esta possível, pode haver substituição por outro da mesma espécie, mas de marca ou modelo diversos, mediante complementação ou restituição de eventual diferença de preço, sem prejuízo da opção pelo consumidor da restituição imediata da quantia paga, monetariamente atualizada, ou do abatimento proporcional do preço.

No caso do art. 19 do CDC, pode o consumidor exigir, alternativamente e a sua escolha:

a) ou o abatimento proporcional do preço (ação estimatória);

b) ou a complementação do peso ou medida (ação executória específica);

c) ou a substituição do produto por outro da mesma espécie, marca ou modelo, sem os aludidos vícios (ação executória específica);

d) ou a restituição imediata da quantia paga, monetariamente atualizada, sem prejuízo de eventuais perdas e danos (ação redibitória).

9.3.1.4 Vício de quantidade que afeta a qualidade do produto

Os arts. 18 e 19 do Código do Consumidor tratam do vício de quantidade do produto. No art. 18, trata-se da situação em que o vício de quantidade afeta a qualidade do produto, como, por exemplo, quando há *"o emprego de certa substância em quantidades inferiores à prescrita pela receita médica, em sua manipulação pelo farmacêutico"*[53].

Já no caso do art. 19 isso não ocorre. São exemplos recentes os ocorridos com a desvalorização do real frente à moeda norte-americana, em que se mantiveram os preços, mas diminuíram-se a quantidade líquida de vários produtos, sem que constassem nas suas embalagens informações sobre a alteração efetuada. Neste caso, a qualidade não foi afetada.

Art. 18	Art. 19
Trata do fornecimento de produtos com vícios de qualidade ou quantidade.	Trata do fornecimento de produtos com vícios de quantidade.
O vício *afeta a qualidade* do produto.	O vício *não afeta a qualidade* do produto.
A responsabilidade dos fornecedores é solidária.	A responsabilidade dos fornecedores é solidária.
O fornecedor tem o direito de sanar o vício, no prazo máximo de 30 dias, salvo se, em razão da extensão do vício, a substituição das partes viciadas puder comprometer a qualidade ou características do produto, diminuir-lhe o valor ou quando se tratar de produto essencial.	O fornecedor pode sanar o vício somente se assim o desejar o consumidor.
Se o vício não for sanado pelo fornecedor, o consumidor pode requerer, alternativamente e a sua escolha: a. a substituição do produto por outro da mesma espécie, em perfeitas condições de uso (*ação executória específica*); b. ou a restituição imediata de quantia paga, monetariamente atualizada, sem prejuízo de eventuais perdas e danos (*ação redibitória*); c. ou o abatimento proporcional do preço (*ação estimatória*).	O consumidor pode requerer, alternativamente e à sua escolha: – o abatimento proporcional do preço (ação estimatória); – a complementação do peso ou medida (ação executória específica); . a substituição do produto por outro da mesma espécie, marca ou modelo, sem os aludidos vícios (ação executória específica); – ou a restituição imediata da quantia paga, monetariamente atualizada, sem prejuízo de eventuais perdas e danos (ação redibitória).

---

[53] COELHO, Fábio Ulhoa. **Curso de Direito Comercial**. 7. ed. São Paulo: Saraiva, 2003. v. 1, p. 296.

9.3.2 Vício de qualidade do serviço

O fornecedor de serviços responde pelos vícios de qualidade que os tornem impróprios ao consumo ou lhes diminuam o valor, assim como por aqueles decorrentes da disparidade com as indicações constantes da oferta ou mensagem publicitária, podendo o consumidor exigir, alternativamente e à sua escolha:

– ou a reexecução dos serviços, sem custo adicional e quando cabível (ação executória específica), com a opção desta ser confiada a terceiro devidamente capacitado, por conta e risco do fornecedor;

– ou a restituição imediata da quantia paga, monetariamente atualizada, sem prejuízo de eventuais perdas e danos (ação redibitória);

– ou o abatimento proporcional do preço (ação estimatória).

9.3.2.1 Vícios no serviço de reparação

No fornecimento de serviços que tenham por objetivo a reparação de qualquer produto, considera-se *implícita* a obrigação do fornecedor de empregar componentes de reposição originais adequados e novos, ou que mantenham as especificações técnicas do fabricante, salvo, quanto a estes últimos, autorização expressa em contrário do consumidor (CDC, art. 21).

Mas, como salienta Cláudia Lima Marques[54], *"quanto aos vícios dos serviços de reparação, a experiência demonstra que é difícil para o consumidor exigir a sua correção. O sistema do CDC tenta evitá-los através da exigência de adequação destes serviços de reparação, exigindo igualmente a utilização de peças novas e originais"*.

9.3.2.2 Responsabilidade solidária

Dispõe o § 1º, do art. 25 do CDC que, havendo mais de um responsável pela causação do dano, todos responderão solidariamente pela reparação.

Embora tal regra conste na seção que trata da responsabilidade por vício do produto ou serviço, há ressalva no próprio artigo es-

---

[54] MARQUES, Cláudia Lima. **Contratos no Código de Defesa do Consumidor**. São Paulo: Revista dos Tribunais, 2002. p. 1007.

tendendo a responsabilidade solidária aos casos em que haja necessidade de reparação do produto ou do serviço decorrente de fornecimento nocivo ou perigoso e de fornecimento defeituoso.

Quanto à extensão da responsabilidade solidária, ensina Antônio Carlos Efing[55]

> *Nunca é demais lembrar que, seja qual for o fornecedor instado a responder pelo ressarcimento, é irrelevante a concorrência do mesmo para a efetivação do evento. Basta que o consumidor demonstre o evento danoso, o dano em si e o nexo de causalidade entre eles para que o fornecedor esteja obrigado a pagar, por força do sistema de responsabilidade objetiva do CDC.*

Sendo o dano causado por componente ou peça incorporada ao produto ou serviço, são responsáveis solidários seu fabricante, construtor ou importador e o que realizou a incorporação (CDC, art. 25, § 2º).

9.3.3 Vício de quantidade do serviço

O CDC não trata do vício de quantidade do serviço, mas este não deixa de existir por essa razão. Assim, por exemplo, é vício de quantidade do serviço a falta de detetização de todos os cômodos de uma casa para os quais foi encomendada. Na falta de regulamentação, deve subsumir-se ao previsto no art. 20, ou seja, deve ser considerado espécie de vício de qualidade no serviço[56].

9.4 PRESCRIÇÃO

Têm aplicação subsidiária os arts. 191 a 206 do Código Civil, tendo em vista que o art. 27 do CDC trata apenas da prescrição referente a danos por fato do produto ou do serviço (fornecimento perigoso ou nocivo e o fornecimento defeituoso)[57].

---

[55] EFING, Antônio Carlos. **Fundamentos do Direito das Relações de Consumo**. Curitiba: Juruá, 2004. p. 145.

[56] COELHO, Fábio Ulhoa. **Curso de Direito Comercial**. 7. ed. São Paulo: Saraiva, 2003. v. 1, p. 293.

[57] Ver Processo: 155.769.1, Origem: Curitiba – 4ª Vara Cível Decisão: Órgão Julgador: 6ª Câmara Cível do Tribunal de Justiça do Paraná Rel. Des. Airvaldo Stela Alves – j. em: 25.08.2004.

	Fornecimento viciado
Conceito	É o que não presta para a finalidade a que se destina (produto ou serviço impróprio), mas que *não acarreta dano* à saúde, à integridade física e ao patrimônio do consumidor.
Responsabilidade	É objetiva e solidária.
Prescrição	Tem aplicação subsidiária o Código Civil (arts. 191 a 206).

QUESTÕES DA OAB/PR E DE CONCURSOS

Questão 28 do Exame da Ordem – prova objetiva realizada em 04.04.2004.

A prescrição é perda da ação atribuída a um direito, e de toda a sua capacidade defensiva, em consequência do não uso dela, durante determinado espaço de tempo. Pressupõe ela a inércia do titular, que não se utiliza da ação existente para defesa de seu direito, no prazo marcado em lei. Ela atinge diretamente a ação, fazendo desaparecer o direito por ela tutelado. Pode ela ser suspensa ou interrompida. Com a suspensão o lapso temporal percorrido não se perde por ocasião do incidente processual e, retomando o processo o seu curso, serão considerados para efeitos prescricionais. Já na interrupção, o lapso de tempo transcorrido se perde, é inutilizado para fins prescricionais. Com a decadência, por sua vez, o autor perde o direito e, consequentemente, a ação. Além disso, o direito é outorgado para ser exercido em determinado prazo, tendo como consequência do não exercício sua extinção. A sua principal característica é a fatalidade, a insuscetibilidade de interrupção, terminando no dia preestabelecido. Os prazos decadenciais são fatais. Todas essas afirmações estão consagradas na doutrina. No entanto:

I. a prescrição e a decadência se originam somente da lei;

II. na regulação dos direitos de defesa do consumidor o prazo da decadência pode ser obstado por ação do consumidor.

III. o direito de reclamar por vícios que tornem os produtos ou serviços impróprios ou inadequados, se extingue em 10 dias, sendo o produto ou serviço não durável e sendo durável em 20 dias;

IV. o prazo prescricional é de 3 (três) anos para a ação de reparação pelos danos causados por fato do produto ou do serviço, iniciando-se a contagem do prazo a partir do conhecimento do dano e sua autoria.

a) Todos os enunciados estão corretos;
b) Somente o enunciado IV está errado;
c) Somente os enunciados II e III estão corretos;
d) Somente o enunciado II está correto.

Comentários à questão:
A resposta certa é a letra d. A alternativa I não está correta porque pode existir decadência convencional (CCB, art. 210). Os prazos da hipótese II são, respectivamente, de 30 e 90 dias (CDC, art. 26, incs. I e II). O prazo da hipótese IV é de 5 anos (CDC, art. 27).

Questão 65 do Concurso para provimento do cargo de Juiz Substituto do TJ/SC, realizado em 2004.

Assinale a alternativa <u>INCORRETA</u> à luz do Código do Consumidor:

a) O prazo decadencial inicia-se a partir da entrega efetiva do produto em sendo o vício aparente.

b) O direito de reclamar pelos vícios aparentes caduca em 30 dias tratando-se de produtos não duráveis.

c) A reclamação comprovadamente formulada pelo consumidor interrompe a prescrição.

d) O prazo prescricional inicia sua contagem a partir do conhecimento do dano e de sua autoria.

e) Em sendo o vício oculto, o prazo decadencial inicia-se a partir do momento em que ficar evidenciado o defeito.

Comentários à questão:
A alternativa incorreta é a letra c, uma vez que a reclamação comprovadamente formulada pelo consumidor é causa de suspensão do prazo de decadência do direito de reclamação pelos vícios aparentes ou ocultos (CDC, art. 26, § 2º).

A alternativa **a** está correta, pois, no caso de vício aparente, a contagem do prazo decadencial inicia-se a partir da entrega efetiva do produto ou do término da execução dos serviços (CDC, art. 26, § 1º).

A alternativa **b** está correta, pois o direito de reclamar pelos vícios aparentes ou de fácil constatação caduca em 30 (trinta) dias, tratando-se de fornecimento de serviço e de produto não duráveis (CDC, art. 26, inc. I). A alternativa **d** está correta, uma vez que o início da contagem do prazo de prescrição ocorre a partir do conhecimento do dano e de sua autoria (CDC, art. 27). E, por fim, a alternativa **e** está correta, pois, no caso de vício oculto, a contagem do prazo decadencial inicia-se no momento em que ficar evidenciado o defeito (CDC, art. 26, § 3º).

Questão 87 do Concurso para provimento do cargo de Promotor de Justiça Substituto de Goiás, realizado em 2004.

Assinale a alternativa incorreta:

a. *( ) o Código de Defesa do Consumidor prevê o ressarcimento dos danos causados a terceiros, estranhos à relação de consumo, em razão dos defeitos do produto ou serviço;*

b. *( ) a instauração do inquérito civil público não obsta a decadência do direito do consumidor de reclamar pelos vícios aparentes ou de fácil constatação em serviços ou produtos;*

c. *( ) quando for verossímil a alegação ou for o consumidor hipossuficiente, poderá o juiz inverter o ônus da prova para facilitar a defesa dos direitos do consumidor, segundo as regras ordinárias de experiências;*

d. *( ) na aferição da responsabilidade do fornecedor de produto ou serviço, o Código de Defesa do Consumidor aboliu o elemento subjetivo da culpa, acolhendo os postulados da responsabilidade objetiva.*

Comentários à questão:

A **alternativa incorreta é a letra b**, uma vez que a instauração do inquérito civil público **obsta** a decadência do direito do consumidor de reclamar pelos vícios aparentes ou de fácil constatação em serviços ou produtos. Nesse sentido dispõe o art. 26, § 2º, inc. III, do CDC.

As alternativas **a** e **c** estão de acordo respectivamente com os arts. 17 e 6º, inc. VIII, do CDC. Já a alternativa **d** está correta, mas deve ser lembrado que há exceções, ou seja, em regra, a responsabilidade do fornecedor de produtos e serviços é objetiva, mas há casos em que o legislador prevê a responsabilidade subjetiva: CDC, art. 13, inc. III, e art. 14, § 4º.

Questão 24 do exame da OAB 2008/3, realizado pela CespeUnb:

Ao consumidor adquirente de produto de consumo durável ou não durável que apresente vício de qualidade ou quantidade que o torne impróprio ou inadequado ao consumo a que se destina, não sendo o vício sanado no prazo de 30 dias, assegura-se:

a) *o abatimento de até 50% do valor pago, em razão do vício apresentado e do inconveniente causado pela aquisição de produto defeituoso;*

b) *convencionar com o fornecedor um prazo maior que 30 dias para que o vício seja sanado;*

c) *a substituição imediata do produto por outro de qualquer espécie, em prefeitas condições de uso;*

d) *a imediata restituição do valor pago, atualizado monetariamente, não cabendo qualquer indenização.*

Comentários à questão:

A alternativa correta é a letra b. De acordo com o § 1º do art. 18 do CDC, não sendo o vício sanado no prazo máximo de trinta dias, pode o consumidor exigir, alternativamente e à sua escolha: a) substituição do produto por outro da mesma espécie, em perfeitas condições de uso; b) a restituição imediata da quantia paga, monetariamente atualizada, sem prejuízo de eventuais perdas e danos; c) o abatimento proporcional do preço. O consumidor pode convencionar com o fornecedor a redução ou ampliação do prazo de 30 (trinta) dias para sanar o vício, não podendo esse prazo ser inferior a 7 (sete) nem superior a 180 (cento e oitenta) dias. A substituição imediata do produto deve ser feita por outro de mesma espécie, somente sendo possível a troca por outro de outra espécie, de marca ou modelo diversos, mediante a complementação ou restituição de eventual diferença de preço e desde que o consumidor opte pela substituição do produto e que não seja possível a substituição do bem por outro da mesma espécie.

Questão 18 – Concurso Público do Tribunal de Justiça do Estado do Paraná para o cargo de juiz substituto realizado em 2010.

Os fornecedores de produtos de consumo duráveis ou não duráveis respondem solidariamente pelos vícios de qualidade ou quantidade que os tornem impróprios ou inadequados ao consumo a que se destinam ou lhes diminuam o valor, assim como por aqueles decorrentes da disparidade, com as indicações constantes do recipiente, da embalagem, rotulagem ou mensagem publicitária, respeitadas as variações decorrentes de sua natureza, podendo o consumidor exigir a substituição das partes viciadas. O direio de reclamas pelos vícios aparentes ou de fácil constatação caduca em:

I – 30 (trinta) dias, em se tratando de fornecimento de serviço e de produto não duráveis.

II – 90 (noventa) dias, de fornecimento de sérvio e produto duráveis.

III – Inicia-se a contagem do prazo decadencial a partir da compra do produto ou do início da execução dos serviços.

IV – Obsta a decadência, entre outras situações. A reclamação comprovadamente formulada pelo consumidor perante o fornecedor de produtos e serviços até a resposta negativa correspondente, que deve ser transmitida de forma inequívoca.

V – Em se tratando de vício oculto, o prazo decadencial inicia-se no momento em que ficar evidenciado o defeito.

Marque a alternativa **CORRETA**:

a) *Somente as assertivas II, III e V estão corretas.*

b) *Somente as assertivas I, II, III e V estão incorretas.*

c) *Somente as assertivas I, IV e V estão incorretas.*

d) *Somente as assertivas I, II, IV e V estão corretas.*

Comentários à questão:

A alternativa correta é a letra D, pois as assertivas I, II, IV e V estão de acordo com o artigo 26 do CDC.

A assertiva II não está correta porque o início da contagem do prazo decadencial se dá a partir da entrega, e não da compra do produto e se dá também a partir do término da execução dos serviços, e não do seu início.

10

DA DESCONSIDERAÇÃO DA PERSONALIDADE JURÍDICA E DA RESPONSABILIDADE DOS GRUPOS

10.1 DISPOSIÇÕES INICIAIS

A desconsideração da personalidade jurídica e a responsabilidade de grupos societários, sociedades controladas e sociedades consorciadas são tratados pelo CDC em conjunto, no seu art. 28, inserido no Capítulo IV, Seção V, sob o título da desconsideração da personalidade jurídica.

10.2 DESCONSIDERAÇÃO DA PERSONALIDADE JURÍDICA

Como regra geral, aplica-se à pessoa jurídica o princípio da separação do seu patrimônio do das pessoas físicas que a compõem. Tal princípio, em linhas gerais, surgiu para incentivar investimentos de alto risco, sem que as pessoas físicas tivessem que suportar perdas de vulto.

Não se trata, porém, de um princípio absoluto porque, pela teoria da desconsideração da personalidade jurídica, inicialmente uma criação da jurisprudência, é permitido ao juiz que, *"frente a determinado caso, atinja o patrimônio daqueles que compõem a pessoa jurídica – levante o véu – uma vez se configurando que a mesma serviu de instrumento de abuso de direito ou fraude, desvirtuando-se de seu fim para atender objetivos próprios dos sócios"*[58].

---

[58] FOLMANN, Melissa; FALEIRO, Marcia Bataglin Dalcastel. **Revista de Jurisprudência Brasileira Cível e Comércio.** Desconsideração da Personalidade Jurídica. Curitiba: Juruá, v. 196, p. 45.

A desconsideração tem caráter temporário, porque de aplicação apenas no caso concreto e excepcional, uma vez que somente aplicável quando não se possa responsabilizar diretamente o sócio, controlador ou representante legal.

O Código do Consumidor foi o primeiro dispositivo legal a prever expressamente a desconsideração[59]. Segundo o art. 28, ela pode ser aplicada pelo juiz nos seguintes casos:

a) quando, em detrimento do consumidor, houver abuso de direito;

b) quando houver excesso de poder, infração da lei, fato ou ato ilícito ou violação dos estatutos ou contrato social;

c) quando houver falência, estado de insolvência, encerramento ou inatividade da pessoa jurídica provocados por má administração;

d) sempre que, de alguma forma, a personalidade for obstáculo ao ressarcimento de prejuízos causados aos consumidores.

Segundo Fábio Ulhoa Coelho[60], na hipótese da letra **a**, há correspondência entre o dispositivo legal e a teoria da desconsideração. Nos casos da letra **b** e **c**, não há necessidade de desconsiderar a personalidade jurídica, uma vez que as hipóteses previstas são caracterizadoras da responsabilidade do administrador, não representando a personalidade da pessoa jurídica nenhum obstáculo a essa imputação.

Já quanto à hipótese da letra **d**, ensina o autor que não se pode, em interpretação literal, assumir que para a desconsideração seria suficiente a simples existência de prejuízo patrimonial suportado pelo consumidor[61]. Primeiro, porque a pessoa jurídica só pode ter a sua

---

[59] Segundo Filomeno: "*Não é despiciendo considerar a aplicação da disregard doctrine no direito público. Não nos parece lógico que, na medida que os entes de direito público possam figurar nas relações de consumo no pólo ativo e passivo venham a livrar-se da incidência da superação da personalidade*". FILOMENO, José Geraldo Brito. **Manual de Direitos do Consumidor**. 6. ed. São Paulo: Atlas, 2003. p. 324.

[60] COELHO, Fábio Ulhoa. **Curso de Direito Comercial**. 6. ed. São Paulo: Saraiva, 2003. v. 2, p. 50-52.

[61] Segundo Coelho, há duas teorias acerca da desconsideração da personalidade jurídica: a *maior*, que visa coibir fraudes e abusos praticados por meio da pessoa jurídica, e a *menor*, em que simples prejuízo causado aos credores dá ensejo à desconsideração. A que se acomoda melhor ao instituto é a primeira. COELHO,

autonomia patrimonial desprezada para coibição de fraudes ou abuso de direito. Segundo, porque a interpretação literal tornaria letra morta o *caput* do art. 28, que circunscreve algumas hipóteses autorizadoras do superamento da personalidade jurídica. Terceiro, porque "*essa interpretação equivaleria à eliminação do instituto da pessoa jurídica no campo do direito do consumidor, e, se tivesse sido esta a intenção da lei, a norma para operacionalizá-la poderia ser direta, sem apelo à teoria da desconsideração*".

Quanto ao tema, vale citar o entendimento do STJ no caso do acidente ocorrido no Shopping Center de Osasco-SP, em 11 de junho de 1996[62], em que se discutiu a responsabilidade dos sócios e administradores do shopping para indenizar as vítimas da explosão e do desmoronamento do shopping causados por vazamento de gás.

No caso, foi decidido pela aplicação da teoria menor da desconsideração às relações de consumo. Segundo entendimento do tribunal, essa teoria estaria calcada na exegese autônoma do § 5º do art. 28, do CDC, porquanto a incidência desse dispositivo não se subordina à demonstração dos requisitos previstos no *caput* do artigo indicado, mas apenas à prova de causar, a mera existência da pessoa jurídica, obstáculo ao ressarcimento de prejuízos causados aos consumidores[63].

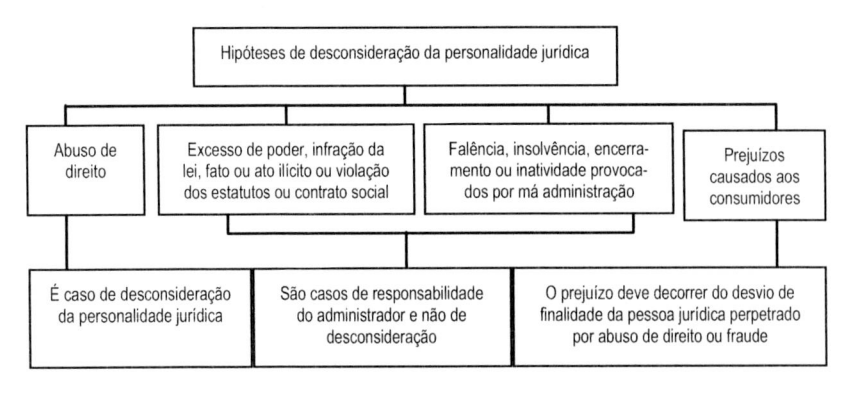

Hipóteses de desconsideração da personalidade jurídica			
Abuso de direito	Excesso de poder, infração da lei, fato ou ato ilícito ou violação dos estatutos ou contrato social	Falência, insolvência, encerramento ou inatividade provocados por má administração	Prejuízos causados aos consumidores
É caso de desconsideração da personalidade jurídica	São casos de responsabilidade do administrador e não de desconsideração		O prejuízo deve decorrer do desvio de finalidade da pessoa jurídica perpetrado por abuso de direito ou fraude

---

Fábio Ulhoa. **Curso de Direito Comercial**. 6. ed. São Paulo: Saraiva, 2003. v. 2, p. 35 e 50.

[62] O acidente ocorreu devido à explosão provocada por acúmulo de gás em espaço livre entre o piso e o solo, acarretando a danificação de mais de 40 lojas e locais de circulação e resultando em 40 mortos e mais de 300 feridos. (REsp. 279273)

[63] Processo REsp. 279273/SP – REsp. 2000/0097184-7 – Rel. Min. Ari Pargendler – Relator para Acórdão: Min.ª Nancy Andrighi. Órgão Julgador: T3 3ª T. – j. em: 04.12.2003 – DJ 29.03.2004, p. 230 – RDR v. 29, p. 356.

10.3 RESPONSABILIDADE DOS GRUPOS

As sociedades integrantes dos grupos societários e as sociedades controladas são subsidiariamente responsáveis pelas obrigações decorrentes do CDC.

Os *grupos societários*, nos termos do art. 265 da Lei 6.404, de 15.12.1976, conhecida como Lei das Sociedades por Ações – LSA, são constituídos por sociedade controladora e suas controladas, mediante convenção na qual se obrigam a combinar recursos ou esforços para a realização dos respectivos objetivos ou a participar de atividades ou empreendimentos comuns.

Sociedade controlada é a sociedade na qual a controladora, diretamente ou através de outras controladas, é titular de direitos de sócio que lhe assegurem, de modo permanente, preponderância nas deliberações sociais e o poder de eleger a maioria dos administradores (LSA, art. 243, § 3º).

Já as *sociedades consorciadas* são solidariamente responsáveis pelas obrigações decorrentes do CDC. São elas constituídas por sociedades, sob o mesmo controle ou não, para executar determinado empreendimento (LSA, art. 278).

Por fim, as *sociedades coligadas,* em que uma participa do capital da outra com o percentual de 10% ou mais, mas sem exercer o controle acionário (LSA, art. 243, § 1º), respondem pelas obrigações decorrentes do CDC somente se restar caracterizada a sua culpa[64].

---

[64] É de se observar que *"Andou mal o elaborador da Lei n.º 8.078/90, ao exigir culpa das sociedades coligadas (art. 28, § 4º) para a desconsideração da personalidade jurídica. É que o sistema jurídico adotado pelo CDC foi o da responsabilidade civil objetiva, em que não se perquire o fator culpa; depois, porque nos litígios de consumo a interpretação deve favorecer o consumidor. Além disso, pela existência da responsabilidade civil objetiva e pela inversão do ônus da prova em favor do consumidor, inadmissível é a exigência feita ao consumidor para provar a culpa do fornecedor em relação de consumo no qual ocorrem as hipóteses para a desconsideração da personalidade jurídica"*. ROCHA, Antônio do Rêgo Monteiro. **Código de Defesa do Consumidor**: Desconsideração da Personalidade Jurídica. Curitiba: Juruá, 1999. p. 137.

```
┌─────────────────────────────────────────────────────────────────┐
│     Responsabilidade dos grupos pelas obrigações decorrentes do CDC │
└─────────────────────────────────────────────────────────────────┘
             │                    │                    │
┌────────────────────┐  ┌────────────────┐  ┌────────────────────┐
│ Grupos societários e│  │   Sociedades   │  │ Sociedades coligadas│
│sociedades controladas│  │  consorciadas  │  │                    │
└────────────────────┘  └────────────────┘  └────────────────────┘
             │                    │                    │
┌────────────────────┐  ┌────────────────┐  ┌────────────────────┐
│  Responsabilidade   │  │Responsabilidade│  │  Responsabilidade  │
│     subsidiária     │  │    solidária   │  │      subjetiva     │
└────────────────────┘  └────────────────┘  └────────────────────┘
```

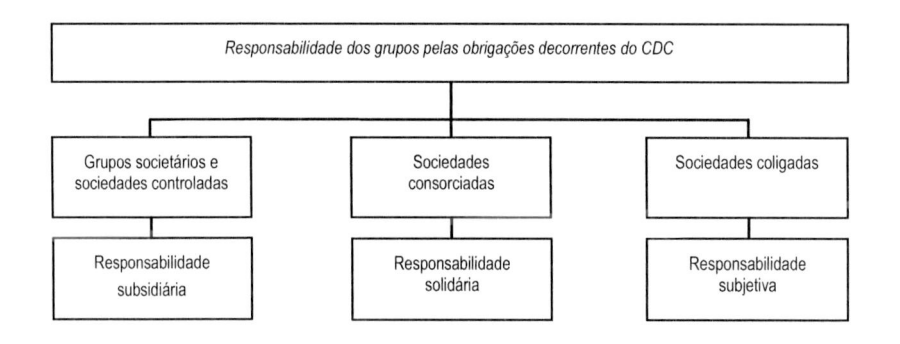

QUESTÃO DE CONCURSO

Questão 58 do Concurso de ingresso na carreira do Ministério Público do Estado do Paraná, realizado em 14.04.2004.

Assinale a alternativa correta:

I. *A desconsideração da personalidade jurídica pode ser determinada, nos casos especificados em lei, até a plena satisfação do direito do consumidor.*

II. *Poderá ser desconsiderada a personalidade jurídica se houver abuso de direito, excesso de poder, infração da lei ou violação dos estatutos ou contrato social.*

III. *Além do Código de Defesa do Consumidor, prevêem a desconsideração da personalidade jurídica o Código Civil, a Lei das Sociedades Anônimas e o Código Tributário Nacional.*

a) *Somente as assertivas I e II estão corretas;*

b) *Somente as assertivas I e III estão corretas;*

c) *Somente as assertivas II e III estão corretas;*

d) *Todas as assertivas estão corretas;*

e) *Nenhuma das assertivas está correta.*

Comentários à questão:

A resposta da questão é a letra d: estão corretas todas as assertivas.

O item I trata da temporariedade da desconsideração da personalidade jurídica. As hipóteses previstas no item II estão contidas no art. 28 do CDC.

Além do CDC, tratam expressamente da desconsideração o art. 18 da Lei 8.884/94 (Lei Antitruste), o art. 4º da Lei 9.605/98 (Responsabilidade sobre o Meio Ambiente) e o art. 50 do novo Código Civil. Alguns doutrinadores apontam também como dispositivos que tratam da matéria o art. 2º, § 2º, da CLT, os arts. 134 e 135 do CTN e os arts. 117, § 2º, e 158 da LSA. Tal entendimento, todavia, não é pacífico, havendo quem diga que os dispositivos apontados tratam, na realidade, de hipótese de responsabilidade e não de desconsideração[65].

Questão 22 – Concurso Público do Tribunal de Justiça do Estado do Paraná para o cargo de juiz substituto realizado em 2010.

Pela previsão do art. 28 do Código de Defesa do Consumidor, o juiz poderá desconsiderar a personalidade jurídica da sociedade quando, em detrimento do consumidor, houver abuso de direito, escesso de poder, infração da lei, fato ou ato ilícito ou violação dos estatutos ou contrato social.

Sobre a desconsideração da personalidade jurídica no CDC, é **CORRETO** afirmar:

a) *As sociedade sintegrantes de grupos societários e as sociedades controladas são solidariamente responsáveis pelas obrigações decorrentes do Código de Defesa do Consumidor.*

b) *As sociedades consorciadas são subsidiariamente responsáveis pelas obrigações decorrentes do Código de Defesa do Consumidor;*

c) *As sociedades coligadas só responderão por dolo.*

d) *Também poderá ser desconsiderada a pessoa jurídica sempre que sua personalidade for, de alguma forma, obstáculo ao ressarcimento de prejuízos causados aos consumidores.*

---

[65] Sobre o tema ver FOLMANN, Melissa; FALEIRO, Marcia Bataglin Dalcastel. **Revista de Jurisprudência Brasileira Cível e Comércio**. Desconsideração da Personalidade Jurídica. Curitiba: Juruá, v. 196; GONÇALVES, Oksandro. **Desconsideração da Personalidade Jurídica**. Curitiba: Juruá, 2004; ROCHA, Antônio do Rêgo Monteiro. **Código de Defesa do Consumidor**: Desconsideração da Personalidade Jurídica. Curitiba: Juruá, 1999.

Comentários à questão:

A alternativa correta é a letra D, pois está de acordo com o § 5º, do art. 28 do CDC.

A alternativa A está incorreta, pois as sociedades integrantes dos grupos societários e as sociedades controladas, são **subsidiariamente** responsáveis pelas obrigações decorrentes do CDC.

A alternativa B está incorreta, pois as sociedades consorciadas são **solidariamente** responsáveis pelas obrigações decorrentes do CDC.

A alternativa C está incorreta, pois as sociedades coligadas só responderão por **culpa**.

11

PRÁTICAS COMERCIAIS

11.1 PRÁTICAS COMERCIAIS ABUSIVAS

Segundo Antônio Carlos Efing[66],

o contexto das práticas comerciais, onde estão reguladas a oferta e a publicidade, abarca também as práticas abusivas, que correspondem a comportamentos, tanto na esfera contratual como à margem dela, que abusem da boa-fé, ou situação de inferioridade econômica ou técnica do consumidor.

Assim, por *práticas comerciais abusivas* deve-se entender todas as manobras que, direta ou indiretamente, lesem o consumidor, inclusive e principalmente as de ordem contratual.

Conforme já mencionado no item 2.1.2 – Consumidor equiparado, o CDC determina, em seu art. 29, a equiparação aos consumidores de todas as pessoas, determináveis ou não, expostas às práticas comerciais abusivas. Mas, como adverte Fábio Ulhoa Coelho[67], "*com esta definição, estende-se a tutela do Código aos consumidores em potencial*", o que não alcança, por exemplo, "*o pretendente de emprego, o cidadão ou o empresário expostos respectivamente à propaganda do empregador e do administrador público*", porque estes não serão, em momento algum, considerados consumidores em potencial.

---

[66] EFING, Antônio Carlos. **Contratos e procedimentos bancários à luz do Código de Defesa do Consumidor**. São Paulo: Revista dos Tribunais, 2000. p. 96-97.
[67] COELHO, Fábio Ulhoa. **Curso de Direito Comercial**. 7. ed. São Paulo: Saraiva, 2003. v. 1, p. 312.

# 12

OFERTA

12.1 CONCEITO

A oferta, também chamada de proposta ou policitação, é a declaração inicial de vontade de uma pessoa para a realização de um contrato com outra. Como elemento inicial do contrato, ela vincula o ofertante ao seu cumprimento.

Nesse sentido é a previsão do art. 30 do CDC: toda oferta ou publicidade, *suficientemente precisa*[68], obriga o fornecedor que a fizer veicular ou dela se utilizar e integra o contrato que vier a ser celebrado.

12.1.1 Responsabilidade solidária

O fornecedor do produto ou serviço é solidariamente responsável pelos atos de seus prepostos ou representantes autônomos (CDC, art. 34).

12.1.2 Público alvo

As propostas que envolvam relações de consumo são dirigidas a pessoas indeterminadas, ao contrário do que ocorre, em regra, nas propostas regidas pelo Direito Civil.

---

[68] Veja-se que o CDC fala em oferta ou publicidade suficientemente precisa e não em absolutamente precisa. Isto porque, segundo COELHO, o fornecedor não se encontra vinculado às informações genéricas (por exemplo: "venha morar como um rei"), mas apenas as específicas (por exemplo: "azulejos até o teto"). COELHO, Fábio Ulhoa. **Curso de Direito Comercial**. 7. ed. São Paulo: Saraiva, 2003. v. 3, p. 199.

12.1.3 Recusa no cumprimento da oferta

Se o fornecedor de produtos ou serviços recusar cumprimento à oferta, apresentação ou publicidade, o consumidor poderá alternativamente e à sua livre escolha:

- ou exigir o cumprimento forçado da obrigação, nos termos da oferta, apresentação ou publicidade, caso em que poderá valer-se de execução específica, inclusive da busca e apreensão ou mandado judicial para a execução do serviço;
- ou aceitar outro produto ou prestação de serviço equivalente, se houver proposta prévia e alternativa do fornecedor nesse sentido;
- ou rescindir o contrato, com direito à restituição da quantia eventualmente antecipada, monetariamente atualizada, e a perdas e danos.

Já no âmbito do Código Civil, a recusa indevida de dar cumprimento à proposta resolve-se apenas em perdas e danos, não sendo possibilitada escolha ao aceitante nos termos previstos pelo CDC.

Como o Código não previu hipóteses referentes aos fatos temporais que importam a desconstituição do caráter obrigatório da proposta, e levando-se em conta que ela, apesar de sempre obrigar o fornecedor, não o obrigar para sempre, aplica-se subsidiariamente o art. 428 do Código Civil, com exceção do inc. IV que contém disposição inconciliável com o art. 35.[69]

Assim, *deixa de ser obrigatória a proposta*:

- se, *feita sem prazo a pessoa presente*, não foi imediatamente aceita. Considera-se também presente o consumidor que contrata por telefone ou por meio de comunicação semelhante.
- se, *feita sem prazo a pessoa ausente*, tiver decorrido tempo suficiente para chegar a resposta ao conhecimento do proponente;
- se, *feita com prazo a pessoa ausente*, não tiver sido expedida a resposta dentro do prazo dado.

---

[69] COELHO, Fábio Ulhoa. **Curso de Direito Comercial**. 7. ed. São Paulo: Saraiva, 2003. v. 3, p. 198.

		Deixa de ser obrigatória a oferta:
Prazo	Pessoa	Fato
Sem	Presente	Não foi imediatamente aceita.
	Ausente	Tiver decorrido tempo suficiente para chegar a resposta ao conhecimento do ofertante.
Com	Ausente	Não tiver sido expedida a resposta dentro do prazo dado.

12.1.4 Oferta de componentes e peças de reposição

A lei obriga os fabricantes e importadores a assegurar a oferta de componentes e peças de reposição enquanto não cessar a fabricação ou importação do produto e, se esta cessar, a oferta deve ser mantida por período razoável de tempo, na forma da lei (CDC, art. 32).

12.1.5 Oferta ou venda por telefone ou reembolso postal

Em caso de oferta ou venda por telefone ou reembolso postal, deve constar o nome do fabricante e endereço na embalagem, publicidade e em todos os impressos utilizados na transação comercial (CDC, art. 33).

Essa regra é decorrência do *princípio da transparência das relações de consumo* e visa possibilitar que o fabricante possa ser demandado pelo consumidor para o cumprimento da oferta ou responsabilização pelo fornecimento perigoso, defeituoso ou viciado do produto[70].

Caso não se possa identificar, com facilidade, o fabricante, o construtor, o produtor e o importador do produto defeituoso, a responsabilidade do comerciante é objetiva *(v. item 8.4.1.2 – Responsabilidade do comerciante).*

É proibida a publicidade de bens e serviços por telefone, quando a chamada for onerosa ao consumidor que a origina[71].

---

[70] SILVA, Jorge Alberto Quadros de Carvalho. **Código de Defesa do Consumidor Anotado**. São Paulo: Saraiva, 2001. p. 114.
[71] A Lei 11.785/08 alterou o art. 33 do CDC acrescentando o parágrafo único, que proíbe a publicidade de bens e serviços por telefone, quando a chamada for onerosa ao consumidor que a origina.

12.1.6 Requisitos da oferta

A oferta e a apresentação de produtos ou serviços devem assegurar informações corretas, claras, precisas, ostensivas e em língua portuguesa sobre suas características, qualidades, quantidade, composição, preço, garantia, prazos de validade e origem, entre outros dados, bem como sobre os riscos que apresentem à saúde e segurança dos consumidores (CDC, art. 31).

Essas informações nos produtos refrigerados oferecidos ao consumidor devem ser gravadas de forma indelével[72].

Correta é a informação honesta, fornecida por inteiro, ou seja, aquela que abrange todas as características relevantes dos produtos ou serviços oferecidos pelo fornecedor ao consumidor.

Clara é a informação inteligível, ou seja, a prestada em linguagem simples, que pode ser facilmente compreendida pelo consumidor.

Precisa é a informação específica sobre os riscos e forma de utilização adequada do produto ou serviço.

Ostensiva é a informação que chama a atenção do consumidor pelo destaque que o fornecedor lhe dá.

Questão 24 – Concurso Público do Tribunal de Justiça do Estado do Paraná para o cargo de juiz substituto realizado em 2010.

O Código de Defesa do Consumidor, no art. 30, define "oferta" como: Toda informação ou publicidade, suficientemente precisa, veiculada por qualquer forma ou meio de comunicação com relação a produtos e serviços oferecidos ou apresentados, obriga o fornecedor que a fizer veicular ou dela se utilizar e integra o contrato que vier a ser celebrado.

Marque a alternativa **CORRETA:**

a) É permitida a publicidade de bens e serviços por telefone, mesmo quanto a chamada seja onerosa ao consumidor que a origina.

---

[72] A Lei 11.989/09 incluiu um parágrafo único no art. 31 do CDC determinando que nos produtos refrigerados oferecidos ao consumidor, as informações serão gravadas de forma indelével, para que não possam ser apagadas.

b) As informações nos produtos refrigerados oferecidos ao consumidor serão gravadas de forma indelével.

c) Se o fornecedor de produtos ou serviços recusar cumprimento à oferta, apresentação ou publicidade, o consumidor não poderá exigir o cumprimento forçado da obrigação, nos termos da oferta, apresentação ou publicidade.

d) O consumidor não poderá rescindir o contrato, em caso de o fornecedor de produtos ou serviços se recusar cumprimento à oferta, apresentação ou publicidade.

Comentários à questão:

A alternativa incorreta é a letra B, pois está de acordo com o parágrafo único do art. 31, incluído pela Lei 11.989 de 2009.

As demais assertivas estão incorretas.

A publicidade de bens e serviços por telefone é proibida quando a chamada for onerosa ao consumidor que a origina.

Se o fornecedor de produtos ou serviços recusar cumprimento à oferta, apresentação ou publicidade, o consumidor poderá, alternativamente, e a sua livre escolha: I) exigir o cumprimento forçado da obrigação, nos termos da oferta, apresentação ou publicidade; II) aceitar outro produto ou prestação de serviço equivalente; III) rescindir o contrato, com direito à restituição de quantia eventualmente antecipada, monetariamente atualizada, e a perdas e danos (art. 35 do CDC).

13

PUBLICIDADE

13.1 CONCEITO

Por *publicidade* deve-se entender qualquer forma de promoção das vantagens e dos méritos de produtos ou serviços para persuadir o consumidor a adquiri-los, podendo ser realizada por variados meios, entre os quais o rádio, a televisão, a *Internet*, os jornais, etc.

Embora a *propaganda* seja utilizada como sinônimo da publicidade, com esta não se confunde, visto que tem objetivos políticos, filosóficos ou religiosos, ao contrário da publicidade que tem por objetivo fins mercantis. A propaganda difunde uma ideia, a publicidade difunde uma marca, um produto ou serviço.

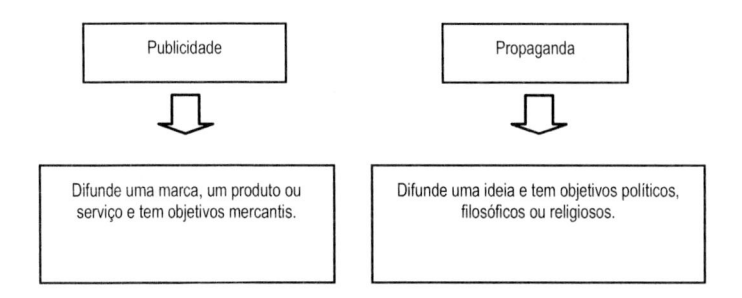

Publicidade	Propaganda
Difunde uma marca, um produto ou serviço e tem objetivos mercantis.	Difunde uma ideia e tem objetivos políticos, filosóficos ou religiosos.

13.2 ESPÉCIES DE PUBLICIDADE VEDADAS PELO CÓDIGO DO CONSUMIDOR

São três as espécies de publicidade vedadas pelo Código de Defesa do Consumidor: a simulada, que pode também ser chamada de clandestina (CDC, art. 36), a enganosa (CDC, art. 37, § 1º e § 3º) e a abusiva (CDC, art. 37, § 1º).

13.2.1 Publicidade simulada ou clandestina

A publicidade deve ser fácil e imediatamente identificada pelo consumidor, caso contrário, restará caracterizada a publicidade simulada ou clandestina, vedada pelo art. 36 do Código do Consumidor.

Trata-se do acolhimento pelo CDC do *princípio da identificabilidade da publicidade*, que reconhece ao consumidor o direito de ter conhecimento fácil e imediato do caráter publicitário da mensagem.

Essa espécie de publicidade é comum em programas de televisão, filmes cinematográficos e peças teatrais em que, por exemplo, se usa um produto de apenas uma marca.

13.2.2 Publicidade enganosa

É enganosa a publicidade quando qualquer modalidade de informação ou comunicação de caráter publicitário for, inteira ou parcialmente falsa ou, por qualquer outro modo, mesmo por omissão, capaz de induzir em erro o consumidor a respeito da natureza, de características, qualidade, quantidade, propriedades, origem, preço e quaisquer outros dados sobre produtos e serviços (CDC, art. 37, § 1º).

Uma interpretação literal da definição formulada pelo Código levaria a considerar enganosa a simples existência de informações falsas, mas não é essa a interpretação que deve prevalecer. Somente a informação falsa que induza o consumidor em erro pode ser considerada enganosa, caso contrário se impossibilitaria o apelo do anunciante a uma certa dose de fantasia em seus anúncios publicitários[73].

A publicidade enganosa pode se dar tanto por comissão como por omissão. Será *enganosa por comissão* quando informar dado que induza o consumidor a erro e será *enganosa por omissão* quando deixar de informar sobre dado que seja essencial ao produto ou serviço, e por causa do qual o consumidor não realizaria o negócio se dele (dado) tivesse conhecimento.

---

[73] COELHO, Fábio Ulhoa. **Curso de Direito Comercial**. 7. ed. São Paulo: Saraiva, 2003. p. 323.

A publicidade enganosa relaciona-se com o *princípio da veracidade da publicidade*, que veda a utilização de informações que possam enganar o consumidor.

Como exemplo de publicidade enganosa, temos o caso julgado pelo STJ que decidiu que havia publicidade enganosa **por omissão** em promoção de venda com instituição de prêmios para quem adquirisse refrigerantes Coca-Cola com tampinhas premiadas. Isso em razão da ausência de informação sobre a existência de tampinhas com defeito na impressão, capaz de retirar o direito ao prêmio.

Como exemplo de publicidade enganosa **por comissão**, temos o caso julgado pelo e. Tribunal de Justiça do Paraná que entendeu enganosa a publicidade que levou o consumidor a erro, na medida em que, por meio dela, dava a entender, sem sombra de qualquer dúvida, que o automóvel ofertado continha acessórios como ar condicionado, direção hidráulica, pintura metálica, faróis de milha, 5 portas e rodas de liga leve[74].

13.2.3 Publicidade abusiva

O art. 37, § 2º, do CDC apresenta rol não taxativo do que pode ser considerado publicidade abusiva:

> *É abusiva, **dentre outras**, a publicidade discriminatória de qualquer natureza, a que incite à violência, explore o medo ou a superstição, se aproveite da deficiência de julgamento e experiência da criança, desrespeite valores ambientais, ou que seja capaz de induzir o consumidor a se comportar de forma prejudicial ou perigosa à sua saúde ou segurança.*

A publicidade abusiva relaciona-se com o *princípio da não-abusividade da publicidade* e com o *princípio da inofensividade da publicidade*.

Como exemplos de publicidade abusiva, temos o caso do anúncio de uma linha de caminhões de brinquedo que dizia: "*É só falar que ele acende os faróis, liga o motor, anda, toca buzina e **atropela a sua mãe se ela não te der um***"; e também do anúncio "***Vítima da violência ... você ainda será uma***", em que se estimulou o medo ao prometer que "*o consumidor ainda será vítima da violência urbana e*

---

[74] Ap. Cív. 394.989-5, da 8ª Vara Cível da Comarca de Londrina. Rel. Des. Luiz Sérgio Neiva de Lima Vieira – Rev. Des. Maurício Pinto de Almeida.

acena, como solução, com a loteria sena, capaz de propiciar ao vencedor a oportunidade de abandonar o Rio de Janeiro"[75].

13.3 RESPONSABILIDADE CIVIL, ADMINISTRATIVA E PENAL DO ANUNCIANTE

13.3.1 Publicidade simulada

Quanto à responsabilidade civil por perdas e danos ocasionados pela publicidade simulada, aplica-se subsidiariamente o art. 927 do Código Civil, levando-se em conta a falta de previsão do CDC nesse sentido[76].

Na seara administrativa, cabe apenas a imposição de multa, conforme determinação do art. 19, parágrafo único, alínea b, do Decreto Federal 2.181/97.

O fornecedor deve manter em seu poder, para informação dos legítimos interessados, os dados fáticos, técnicos e científicos que dão sustentação à mensagem (CDC, art. 36, parágrafo único). Se o fornecedor não cumprir essa determinação, restará configurado o crime previsto no art. 69 do Código, cuja pena é de detenção de 1 (um) a 6 (seis) meses ou multa.

13.3.2 Publicidade enganosa e abusiva

O § 4º, do art. 37 do CDC, que previa a responsabilidade civil do anunciante por publicidade enganosa e abusiva, foi vetado pelo Presidente da República, o que levou alguns a afirmar que a responsabilidade do anunciante decorre do art. 927 do Código Civil, caso em que dependeria da comprovação de sua culpa, e outros, como Fábio Ulhoa Coelho[77], da interpretação sistemática do CDC.

Para esse autor, se for levado em consideração que, nos arts. 18 a 20, que tratam do fornecimento viciado, o legislador definiu a

---

[75] Disponível em: <http://www.conar.org.br/>. Acesso em: 06 mar. 2009.
[76] COELHO, Fábio Ulhoa. **Curso de Direito Comercial**. 7. ed. São Paulo: Saraiva, 2003. v. 1, p. 321.
[77] COELHO, Fábio Ulhoa. **Curso de Direito Comercial**. 7. ed. São Paulo: Saraiva, 2003. v. 1, p. 349-350.

responsabilidade por danos aos consumidores individualmente considerados como objetiva, não há porque não considerá-la como tal, quando o legislador tutela, no âmbito da publicidade enganosa ou abusiva, interesses coletivos ou difusos.

A sanção imposta ao anunciante de publicidade abusiva ou enganosa no âmbito administrativo é a *contrapropaganda*, a qual será divulgada na mesma forma, frequência e dimensão e, preferencialmente, no mesmo veículo, local, espaço e horário, de forma capaz a desfazer o malefício da publicidade enganosa ou abusiva, sempre às expensas do fornecedor.

O CDC definiu como crime a ação de fazer ou promover publicidade, cujo autor sabe ou deveria saber enganosa ou abusiva (CDC, art. 67), e a ação de fazer ou promover publicidade, cujo autor que sabe ou deveria saber ser capaz de induzir o consumidor a se comportar de forma prejudicial ou perigosa à sua saúde ou segurança (CDC, art. 68), prevendo pena mais grave para este último delito.

O ônus da prova da veracidade e correção da informação ou comunicação publicitária cabe a quem as patrocina (CDC, art. 38).

Publicidade simulada	**Previsão**: CDC, art. 36.
	Conceito: É simulada quando não for de fácil e imediata identificação pelo consumidor.
	Princípio: identificabilidade da publicidade.
	Responsabilidade civil: aplica-se subsidiariamente o art. 927 do Código Civil.
	Responsabilidade administrativa: cabe a imposição de multa.
	Responsabilidade penal: art. 69 do CDC.
Publicidade enganosa	**Previsão**: CDC, art. 37, § 1º.
	Conceito: É enganosa quando qualquer modalidade de informação ou comunicação de caráter publicitário for, inteira ou parcialmente falsa, ou por qualquer outro modo, mesmo por omissão, capaz de induzir em erro o consumidor a respeito da natureza, características, qualidade, quantidade, propriedades, origem, preço e quaisquer outros dados sobre produtos e serviços.
	Princípio: veracidade da publicidade.
	Responsabilidade civil: para alguns, decorre do art. 927 do Código Civil e, para outros, da interpretação sistemática do CDC.
	Responsabilidade administrativa: cabe a contrapropaganda.
	Responsabilidade penal: arts. 67 e 68 do CDC.

Publicidade abusiva	**Previsão**: CDC, art. 37, § 2º.
	Conceito: É abusiva, dentre outras, a publicidade discriminatória de qualquer natureza, a que incite à violência, explore o medo ou a superstição, se aproveite da deficiência de julgamento e experiência da criança, desrespeite valores ambientais, ou que seja capaz de induzir o consumidor a se comportar de forma prejudicial ou perigosa à sua saúde ou segurança.
	Princípio: não abusividade e inofensividade da publicidade.
	Responsabilidade civil: para alguns, decorre do art. 927 do Código Civil e, para outros, da interpretação sistemática do Código de Defesa do Consumidor.
	Responsabilidade administrativa: cabe à contrapropaganda.
	Responsabilidade penal: arts. 67 e 68 do CDC.

13.4 CÓDIGO BRASILEIRO DE AUTO- -REGULAMENTAÇÃO PUBLICITÁRIA – CBAP

A edição do CBAP, em 05.05.1980, foi iniciativa espontânea das entidades representativas do mercado brasileiro de publicidade. São elas a ABAP – Associação Brasileira das Agências de Propaganda, ABA – Associação Brasileira dos Anunciantes, ANJ – Associação Nacional de Jornais, Abert – Associação Brasileira de Emissoras de Rádio e Televisão, Aner – Associação Nacional de Editores de Revistas, e a Central de *Outdoor*.

A principal motivação do CBAP é manter a confiança pública, considerando que a publicidade deve ser confiável no conteúdo e honesta na apresentação para que tenha êxito.

Seu âmbito de atuação é mais abrangente do que o do CDC, pois tem como principal objetivo "a regulamentação das normas éticas aplicáveis à *publicidade comercial*, assim entendida como toda atividade destinada a *estimular o consumo de bens e serviços*, bem como *promover instituição, conceitos e idéias*" (CBAP, art. 1º).

Como salienta Fábio Ulhoa Coelho[78], "*evidentemente, o consumidor tem os seus direitos protegidos de forma indireta, mas a*

---

[78] COELHO, Fábio Ulhoa. **Manual de Direitos do Consumidor**. 7. ed. São Paulo: Saraiva, 2003. v. 1, p. 314.

principal razão do sistema de auto-regulamentação publicitária é o controle do desenvolvimento da publicidade, com o sentido de preservar o seu extraordinário potencial econômico".

QUESTÃO DE CONCURSO

Questão 66 do Concurso para provimento do cargo de Juiz Substituto do TJ/SC, realizado em 2004.

À luz da Lei de Consumo, é correto afirmar:

a) *A promoção de publicidade enganosa é conduta que enseja apenas responsabilidade administrativa ao agente que a promove.*

b) *É enganosa a publicidade que, dentre outras coisas, seja capaz de induzir o consumidor a se comportar de maneira perigosa à sua saúde.*

c) *Em razão da sua própria finalidade, não se exige que a publicidade se paute em dados fáticos, técnicos e científicos.*

d) *A publicidade precisa e veiculada por qualquer meio de comunicação obriga o fornecedor que a fizer e integra o contrato a ser celebrado.*

e) *Nenhuma das alternativas é correta.*

Comentários à questão:

A alternativa correta é a letra d. Neste sentido, é a previsão do art. 30 do CDC: toda oferta ou publicidade, suficientemente precisa, obriga o fornecedor que a fizer veicular ou dela se utilizar e integra o contrato que vier a ser celebrado.

A alternativa **a** não está correta porque a promoção de publicidade enganosa enseja não apenas a responsabilidade administrativa, mas também a civil e a penal. Aliás, não só a publicidade enganosa enseja responsabilidade administrativa, civil e penal, mas também a simulada e a abusiva.

A alternativa **b** não está correta porque a hipótese prevista é de publicidade abusiva e não enganosa. A alternativa **c** não está correta porque, ao contrário do afirmado, é necessário que sejam mantidos pelo fornecedor dados fáticos, técnicos e científicos (CDC, art. 36, parágrafo único), sob pena, inclusive, de configuração de crime, cuja pena é de detenção de 1 (um) a 6 (seis) meses ou multa (CDC, art. 69).

14

PRÁTICAS ABUSIVAS

14.1 CONCEITO

Por práticas comerciais abusivas deve-se entender todas as manobras que, direta ou indiretamente, lesem o consumidor, inclusive e principalmente, as de ordem contratual.

14.2 ESPÉCIES DE PRÁTICAS ABUSIVAS

O art. 39 do CDC, em rol meramente exemplificativo, uma vez que utiliza a expressão "dentre outras", arrola uma série de práticas abusivas, assim consideradas independentemente da produção de um dano efetivo para o consumidor[79]. São elas:

> **a) Condicionar o fornecimento de produto ou de serviço ao fornecimento de outro produto ou serviço, bem como, sem justa causa, a limites quantitativos.**

Trata-se do que se costuma chamar de *operação, venda ou fornecimento casado*, em que o consumidor, para adquirir um produto

---

[79] Para Cláudia Lima Marques se trata de rol exaustivo, em face do veto do Presidente da República ao inc. X do citado artigo o qual indicava ser a lista apenas exemplificativa. O argumento apresentado para justificar o veto foi o de que o inc. tornava a norma "imprecisa" e era inconstitucional, tendo em vista a "natureza penal" do dispositivo. Por essa razão, conclui a autora, que discorda dos motivos que determinaram o veto, que a lista de práticas abusivas do art. 39 pode ser apenas complementada por outras normas, do CDC ou de leis especiais. MARQUES, Cláudia Lima. **Contratos no Código de Defesa do Consumidor**. 4. ed. São Paulo: Revista dos Tribunais, 2002. p. 686.

ou serviço, é obrigado a adquirir outro do mesmo fornecedor ou de empresa a ele coligada. Também há proibição de o fornecedor, sem justa causa, impor limites quantitativos à aquisição de produtos e serviços. Tais práticas ferem a liberdade de escolha do consumidor (CDC, art. 6°, inc. II).

b) **Recusar atendimento às demandas dos consumidores, na exata medida de suas disponibilidades de estoque, e, ainda, de conformidade com os usos e costumes.**

O atendimento das necessidades dos consumidores, conforme já ressaltado, é um dos objetivos da PNRC, sendo, por esse motivo, considerada abusiva a sua negativa, nos termos acima preconizados.

c) **Enviar ou entregar ao consumidor, sem solicitação prévia, qualquer produto, ou fornecer qualquer serviço.**

Caso isso aconteça, os serviços prestados e os produtos remetidos ou entregues ao consumidor equiparam-se às *amostras grátis*, inexistindo obrigação de pagamento.

Essa prática fere a *liberdade de contratar do consumidor*, fundamentada na ordem econômica, nos termos do art. 170 da Constituição Federal.

d) **Prevalecer-se da fraqueza ou ignorância do consumidor, tendo em vista sua idade, saúde, conhecimento ou condição social, para impingir-lhe seus produtos ou serviços.**

Trata-se de hipótese vedada pelo Código porque o fornecedor se aproveita da vulnerabilidade e da hipossuficiência do consumidor para impingir-lhe seus produtos ou serviços.

e) **Exigir do consumidor vantagem manifestamente excessiva.**

Por *vantagem manifestamente excessiva*, deve-se entender a que contraria o espírito do CDC, nele compreendidos os princípios da vulnerabilidade, da boa-fé, da liberdade de escolha e igualdade nas contratações[80].

Se houver tal exigência por parte do fornecedor, terá o consumidor o direito à modificação de cláusulas contratuais que estabeleçam prestações desproporcionais e a revisão em razão de fatos supervenientes que as tornem excessivamente onerosas (CDC, art. 6º, inc. V).

f) Executar serviços sem a prévia elaboração de orçamento e autorização expressa do consumidor, ressalvadas as decorrentes de práticas anteriores entre as partes.

O orçamento deve ser previamente entregue ao consumidor e deve discriminar o valor da mão-de-obra, dos materiais e equipamentos a serem empregados, as condições de pagamento, bem como as datas de início e término dos serviços.

O prazo de validade do orçamento é de 10 (dez) dias, contados de seu recebimento pelo consumidor, salvo estipulação em contrário.

Uma vez aprovado pelo consumidor, o orçamento obriga os contraentes e somente pode ser alterado mediante livre negociação das partes.

O consumidor não responde por quaisquer ônus ou acréscimos decorrentes da contratação de serviços de terceiros, não previstos no orçamento prévio.

g) Repassar informação depreciativa, referente a ato praticado pelo consumidor no exercício de seus direitos.

Neste caso, o fornecedor responderá pelos danos que venha a causar. Todavia, se o ato praticado pelo consumidor for irregular, não há que se falar em prática abusiva por parte do fornecedor que transmite a informação.

---

[80] EFING, Antônio Carlos. **Fundamentos do Direito das Relações de Consumo.** Curitiba: Juruá, 2004. p. 174.

h) **Colocar, no mercado de consumo, qualquer produto ou serviço em desacordo com as normas expedidas pelos órgãos oficiais competentes ou, se normas específicas não existirem, pela Associação Brasileira de Normas Técnicas – ABNT ou outra entidade credenciada pelo Conselho Nacional de Metrologia, Normalização e Qualidade Industrial – Conmetro.**

A qualidade do produto ou serviço está relacionada com a existência de normas técnicas expedidas pelos órgãos oficiais competentes ou, se normas específicas não existirem, pela ABNT ou outra entidade credenciada pelo Conmetro *(v. item 8.3 – Qualidade do produto ou serviço).*

i) **Recusar a venda de bens ou a prestação de serviços, diretamente a quem se disponha a adquiri-los mediante pronto pagamento, ressalvados os casos de intermediação regulados em leis especiais.**

O fornecedor não pode recusar a venda de um bem ou a prestação de um serviço a consumidor que se disponha a adquiri-lo mediante pronto pagamento. A hipótese ocorre, por exemplo, quando o produto é exposto à venda e o consumidor, ao procurar o vendedor para adquiri-lo, recebe a informação de que já foi vendido.[81]

j) **Elevar sem justa causa o preço de produtos ou serviços.**

Como ensina Antônio Herman de Vasconcellos e Benjamin, a regra, neste caso, *"é que os aumentos de preço devem sempre estar alicerçados em justa causa, vale dizer, não podem ser arbitrários, leoninos ou abusivos. Em princípio, numa economia estabilizada, elevação superior aos índices de inflação cria a presunção – relativa, é verdade - de carência de justa causa"*[82].

---

[81] EFING, Antônio Carlos. **Fundamentos do Direito das Relações de Consumo.** Curitiba: Juruá, 2004. p. 176.
[82] GRINOVER, Ada Pelegrini. ...**Código Brasileiro de Defesa do Consumidor comentado pelos autores do anteprojeto.** 5. ed. Rio de Janeiro: Forense Universitária, 1998. p. 381.

l) **Aplicar fórmula ou índice de reajuste diverso do legal ou contratualmente estabelecido.**

A prática dos estabelecimentos de ensino de reajustarem as mensalidades escolares em desacordo com a lei ou com o contrato, deu ensejo à inclusão dessa hipótese entre as práticas abusivas e serviu para evitar a discussão sobre a natureza do reajuste ser ou não variação de preço[83].

m) **Deixar de estipular prazo para cumprimento de sua obrigação ou deixar a fixação de seu termo inicial a seu exclusivo critério.**

Não pode ficar ao exclusivo critério do fornecedor o início e o término da sua obrigação perante o consumidor. Assim, por exemplo, a *"incorporação predial que estipule a entrega do imóvel em determinado prazo após a conclusão das fundações, não estipulando o prazo para a conclusão destas fundações"*[84].

14.3 A COBRANÇA DE DÍVIDAS

Na cobrança de débitos, o consumidor inadimplente não deve ser exposto a ridículo, nem submetido a qualquer tipo de constrangimento ou ameaça.

O consumidor cobrado em quantia indevida tem direito à repetição do indébito, por valor igual ao dobro do que pagou em excesso, acrescido de correção monetária e juros legais, salvo hipótese de engano justificável.

Com efeito, constitui crime, apenado com detenção e multa, *"utilizar, na cobrança de dívidas, de ameaça, coação, constrangimento físico ou moral, afirmações falsas, incorretas ou enganosas ou de qualquer outro procedimento que exponha o consumidor, injustificadamente, a ridículo ou interfira com seu trabalho, descanso ou lazer"* (CDC, art. 71).

---

[83] GRINOVER, Ada Pelegrini *et al.* **Código Brasileiro de Defesa do Consumidor comentado pelos autores do anteprojeto**. 5. ed. Rio de Janeiro: Forense Universitária, 1998. p. 381.

[84] EFING, Antônio Carlos. **Fundamentos do Direito das Relações de Consumo**. Curitiba: Juruá, 2004. p. 177.

Em todos os documentos de cobrança de débitos apresentados ao consumidor, deverão constar o nome, o endereço e o número de inscrição no Cadastro de Pessoas Físicas – CPF ou no Cadastro Nacional de Pessoa Jurídica – CNPJ do fornecedor do produto ou serviço correspondente[85].

14.4 BANCOS DE DADOS E CADASTROS DE CONSUMIDORES

O consumidor deve ter acesso às informações existentes em cadastros, fichas, registros e dados pessoais e de consumo arquivados sobre ele e também sobre as suas respectivas fontes. Esse direito é assegurado pelo art. 43 do CDC que, em seu parágrafo primeiro, prevê que os cadastros e dados dos consumidores devem ser *objetivos, claros, verdadeiros* e em *linguagem de fácil compreensão*, não podendo conter informações negativas referentes a período superior a 5 (cinco) anos.

"*A abertura de cadastro, ficha, registro e dados pessoais e de consumo deverá ser comunicada por escrito ao consumidor, quando não solicitado por ele*" (CDC, art. 43, § 2º). O Código não prevê prazo para essa comunicação.

O consumidor, sempre que encontrar inexatidão nos seus dados e cadastros, poderá exigir sua *imediata* correção, devendo ela ser comunicada, no prazo de 5 (cinco) dias *úteis*, aos eventuais destinatários das informações incorretas, como, por exemplo, lojas, bancos, repartições públicas, entre outros (CDC, art. 43, § 3º).

Já o prazo de correção das informações deve ser interpretado como sendo também de 5 (cinco) dias úteis, porque, como entende José Geraldo Brito Filomeno[86], "*ainda que a negativação, como se diz com relação a dados constantes de serviços de proteção ao crédito, por exemplo, possa ser feita com uma simples digitação, por certo haverá uma ordem de processamento dos dados*".

Os bancos de dados e cadastros relativos a consumidores, os serviços de proteção ao crédito e congêneres são considerados *entida-*

---

[85] Essa determinação foi incluída no CDC pela Lei 12.039/09.
[86] FILOMENO, José Geraldo Brito. **Manual de Direitos do Consumidor**. 6. ed. São Paulo: Atlas, 2003. p. 291.

des de caráter público, e, por essa razão, o consumidor pode fazer uso do *habeas data* para assegurar o *conhecimento* de informações, para a *retificação* de dados e para *fazer anotação* sobre a explicação ou contestação sobre determinado dado, mesmo que não seja inexato, justificando possível pendência sobre ele (CF, art. 5º, LXXII, e Lei 9.507/97, art. 7º).

Consumada a prescrição relativa à cobrança de débitos do consumidor, não serão fornecidos, pelos respectivos Sistemas de Proteção ao Crédito, quaisquer informações que possam impedir ou dificultar novo acesso ao crédito junto aos fornecedores (CDC, art. 43, § 5º).

Segundo a Súmula 359 do STJ, *"cabe ao órgão mantenedor do Cadastro de Proteção ao Crédito a notificação do devedor antes de proceder à inscrição"*.

E, de acordo com a Súmula 323, também do STJ *"a inscrição de inadimplente pode ser mantida nos serviços de proteção ao crédito por, no máximo, cinco anos"*.

14.5 CADASTRO DE INFORMAÇÕES DOS ESTUDANTES BRASILEIROS – CINEB

O Cadastro de Informações dos Estudantes Brasileiros – CINEB – foi criado pela Confederação Nacional dos Estabelecimentos de Ensino (Confenen) e pela empresa especializada em informações de crédito Check Check.

Trata-se de uma lista de inadimplentes utilizada pelas escolas particulares afiliadas para identificar os devedores crônicos e com histórico de emissão de cheques sem fundo. O serviço está à disposição desde outubro do ano 2008, no *site* <www.cineb.com.br>.

Além de constar no CINEB, os maus pagadores – leia-se pais e responsáveis pelos estudantes – têm seus nomes incluídos nas listas da Serasa e da própria Check Check e recebem uma notificação em casa.

A respeito do Cadastro, várias instituições de defesa do consumidor já se manifestaram pela sua ilegalidade, justificando sua posição principalmente porque, dessa maneira, a prestação do serviço educacional se reduz à condição de mercadoria.

14.6 BANCOS DE DADOS E CADASTROS DE FORNECEDORES

Não só o consumidor está sujeito ao cadastro de informações negativas sobre a sua pessoa, mas também o fornecedor. Nesse sentido, dispõe o art. 44 do CDC que "*os órgãos públicos de defesa do consumidor manterão cadastros atualizados de reclamações fundamentadas contra fornecedores de produtos e serviços, devendo divulgá-los pública e anualmente. A divulgação indicará se a reclamação foi atendida ou não pelo fornecedor*".

O acesso e consulta às informações constantes nestes cadastros é facultado a qualquer interessado, gratuitamente, vedada a utilização abusiva, aplicando-se, no que couber, as regras previstas para o banco de dados dos consumidores e as do parágrafo único do art. 22 do CDC.

É dever dos órgãos públicos de defesa do consumidor assegurar a confiabilidade e a continuidade dos cadastros de fornecedores (Decreto Federal 2.181/97, art. 57).

Por *cadastro*, deve-se entender "*o resultado dos registros feitos pelos órgãos públicos de defesa do consumidor de todas as reclamações fundamentadas contra fornecedores*" e, por *reclamação fundamentada*, "*a notícia de lesão ou ameaça a direito de consumidor analisada por órgão público de defesa do consumidor, a requerimento ou de ofício, considerada procedente por decisão definitiva*" (Decreto Federal 2.181/97, art. 58).

Também o cadastro de fornecedores não pode conter informações negativas referentes a período superior a 5 (cinco) anos.

Questão 23 – Concurso Público do Tribunal de Justiça do Estado do Paraná para o cargo de juiz substituto realizado em 2010.

O fornecedor, ao cobrar supostos débitos do consumidor, o faz mediante a cobrnaça via telefone ao trabalho do consumidor, exigindo que este pague por uma dívida vencida e paga, sendo que essa dívida vem sendo cobrada reiteradamente por dois meses consecutivos.

*Sobre a cobrança de dívidas, é **INCORRETO** afirmar:*

a) *Na cobrança de débitos, o consumidor inadimplente não será exposto a ridículo, nem será submetido a qualquer tipo de constrangimento ou ameaça.*

b) *Em todos os documentos de cobrança de débitos apresentados ao consumidor, deverão constar o nome, o endereço e o número de inscrição no Cadastro de Pessoas Físicas – CPF – ou no Cadastro de Pessoa Jurídica – CNPJ – do fornecedor do produto ou serviço correpondente.*

c) *É vedado ao fornecedor utilizar, na cobrança de dívidas, de ameaça, coação, constrangimento físico ou moral, afirmações falsas incorretas ou enganosas ou de qualquer outro procedimento que exponha o consumidor, injustificadamente ao ridículo ou interfira no seu trabalho, descanso ou lazer, sob pena de responder civil e criminalmente.*

d) *O consumidor cobrado em quantia indevida tem direito à repetição do indébito, por valor igual ao dobro do que pagou em excesso, acrescido de correção monetária e juros legais, ainda que o fornecedor demonstre o engano justificável.*

Comentários à questão:

A alternativa incorreta é a letra D, pois se o fornecedor demonstrar engano justificável não terá o consumidor cobrado em quantia indevida o direito a repetição de indébito.

As demais assertivas estão de acordo com os arts. 42, 42-A e 71 do CDC.

15

CONTRATO DE CONSUMO

15.1 CONCEITO

Contrato de consumo é aquele no qual num dos polos da relação contratual se encontra o consumidor e no outro, o fornecedor. Via de regra, são contratos de adesão, mas nada impede que sejam paritários.

Contrato paritário é o contrato firmado em condições de igualdade pelas partes.

Contrato de adesão, nos termos do CDC, é aquele cujas cláusulas tenham sido aprovadas pela autoridade competente (no caso, por exemplo, as das tarifas de transporte, de serviços de luz, de telefone, de água, etc.) ou estabelecidas unilateralmente pelo fornecedor de produtos ou serviços, sem que o consumidor possa discutir ou modificar substancialmente seu conteúdo.

Segundo ensina Maria Helena Diniz[87],

> *os contratos por adesão constituem uma oposição à idéia de contrato paritário, por inexistir a liberdade de convenção, visto que excluem a possibilidade de qualquer debate e transigência entre as partes, uma vez que um dos contratantes se limita a aceitar as cláusulas e condições previamente redigidas e impressas pelo outro (RT, 519:163; JB, 158:263), aderindo a uma situação contratual já definida em todos os seus termos. (...) É o que ocorre com: os contratos de seguro (RT, 487:181); os de venda das grandes sociedades; os de transporte; os de fornecimento de gás, eletricidade, água; os de diversões públicas; os de financiamento bancário.*

---

[87] Maria Helena Diniz prefere chamar o contrato *de* adesão de contrato *por* adesão. DINIZ, Maria Helena. **Curso de Direito Civil Brasileiro**. 13. ed. São Paulo: Saraiva, 1998. v. 3, p. 81-82.

Nos contratos de adesão relativos a relação de consumo, admite-se *cláusula resolutória*, mas desde que alternativa, cabendo a escolha ao consumidor, ressalvando-se o disposto no § 2º do art. 53 do CDC[88].

Os contratos de adesão escritos devem ser redigidos em termos claros e com caracteres ostensivos e legíveis, cujo tamanho da fonte não deverá ser inferior ao corpo doze[89], de modo a facilitar sua compreensão pelo consumidor (CDC, art. 54, § 3º).

As cláusulas que implicarem limitação de direito do consumidor deverão ser redigidas com destaque, permitindo sua imediata e fácil compreensão (CDC, art. 54, § 4º). O destaque pode ser feito por diversas formas: pode-se negritar ou sublinhar ou, ainda, utilizar outra fonte ou caixa alta.

Os contratos de adesão pressupõem cláusulas *preestabelecidas*, isto é, elaboradas anteriormente à contratação, que sejam *uniformes* para todos os contratos e *rígidas*, para não permitirem alteração. A rigidez, no entanto, não é absoluta, tendo em vista que a inserção de cláusula no formulário não desfigura a natureza de adesão do contrato.

Por fim, vale lembrar que o vínculo contratual se estabelece também oralmente, assim como pela adesão aos termos da oferta e da publicidade (CDC, art. 30) e pela elaboração de qualquer declaração de vontade em escritos particulares, recibos e pré-contratos relativos às relações de consumo (CDC, art. 48)[90].

15.2 INTERPRETAÇÃO

Aos contratos de adesão, reza o art. 423 do CCB, aplica-se o princípio segundo o qual as cláusulas ambíguas ou contraditórias devem ser interpretadas em desfavor de quem as estipulou.

---

[88] *"Nos contratos do sistema de consórcio de produtos duráveis, a compensação ou a restituição das parcelas quitadas, na forma deste art., terá descontada, além da vantagem econômica auferida com a fruição, os prejuízos que o desistente ou inadimplente causar ao grupo".*

[89] A Lei 11.785/08 alterou o art. 54 do CDC acrescentando que o tamanho da fonte não será inferior ao corpo 12.

[90] COELHO, Fábio Ulhoa. **Curso de Direito Comercial**. 3. ed. São Paulo: Saraiva, 2002. v. 3, p. 212.

Adotando esse princípio no âmbito das relações de consumo, já há tempos reconhecido pela jurisprudência, dispôs o art. 47 que "*as cláusulas contratuais serão interpretadas de maneira mais favorável ao consumidor*".

Conforme observa Cláudia Lima Marques[91],

> *o novo Código Civil de 2002 prevê, em seu art. 423, o recurso à interpretação mais favorável ao aderente (interpretação* **contra proferentem**), *mas só em contratos de adesão e em cláusulas ambíguas ou contraditórias. O art. 47 representa, porém, uma evolução em relação a essa norma e à do art. 85 do CCB (e art. 112[92] do novo CCBr-2002), pois beneficiará a todos os consumidores, em todos os contratos, em todas as normas, mesmo as claras e não contraditórias, sendo que agora a vontade interna, a intenção não declarada, nem sempre prevalecerá.*

A ideia é que, sempre que houver cláusula ambígua ou obscura, sua interpretação deve favorecer o consumidor. Porém, sendo possível apenas uma interpretação e desde que não se trate de cláusula abusiva, deve tal interpretação prevalecer, ainda que desfavorável ao consumidor.

15.3 PRINCÍPIOS APLICÁVEIS

Da disciplina legal dos contratos de consumo, pode-se extrair os seguintes princípios fundamentais:

15.3.1 Princípio da transparência nas relações de consumo

Segundo o princípio da transparência, o consumidor deve ter plena consciência das obrigações e dos direitos que lhe competem ao contratar com o fornecedor.

---

[91] MARQUES, Cláudia Lima. **Contratos no Código de Defesa do Consumidor**. 4. ed. São Paulo: Revista dos Tribunais, 2002. p. 744-745.
[92] Dispõe o art. 112 do Código Civil.2002: "*Nas declarações de vontade se atenderá mais à intenção nelas consubstanciada do que ao sentido literal da linguagem*".

Nesse sentido, determina o art. 46 do CDC que os contratos que regulam as relações de consumo não obrigarão os consumidores se não lhes for dada a oportunidade de tomar conhecimento *prévio* de seu conteúdo, ou se os respectivos instrumentos forem redigidos de modo a dificultar a compreensão de seu sentido e alcance.

Assim, não basta que o consumidor tenha prévio conhecimento dos termos do contrato. Deve também compreender o sentido e o alcance de suas cláusulas para que com ele se obrigue.

Quando se tratar de concessão de crédito, o fornecedor *deverá, entre outros requisitos*, informar o consumidor, prévia e adequadamente, sobre o preço do produto ou serviço em moeda corrente nacional; o montante dos juros de mora e da taxa efetiva anual de juros; os acréscimos legalmente previstos; o número e periodicidade das prestações; e a soma total a pagar, com e sem financiamento (CDC, art. 52, incs. I a V).

15.3.2 Princípio da irrenunciabilidade de direitos

Pelo princípio da irrenunciabilidade, não são permitidas cláusulas que imponham renúncia de direitos expressamente previstos em lei. Isto porque as normas de direito do consumidor têm caráter cogente, sendo normas de interesse público que não podem ser desrespeitadas, ainda que o consumidor tenha expressa e inequivocadamente renunciado a elas no momento da contratação.

Já nos contratos celebrados no âmbito do direito civil, as normas legais, ao contrário do que ocorre nos contratos de consumo, têm caráter supletivo, ou seja, somente são aplicadas se as partes não dispuserem em sentido contrário.

15.3.3 Princípio do equilíbrio contratual

Nas relações de consumo, deve ser assegurado o equilíbrio econômico, jurídico e técnico entre consumidores e fornecedores, por meio da outorga de privilégios e de preferências ao consumidor, que é a parte mais vulnerável na relação de consumo. Por outro lado, não pode ser estabelecida prerrogativa ao fornecedor, sem que igual vantagem seja fixada ao consumidor.

Com o objetivo de assegurar o equilíbrio contratual, o legislador fixou normas imperativas, *"as quais proíbem a utilização de qualquer cláusula abusiva, definidas como as que assegurem vantagens unilaterais ou exageradas para o fornecedor de bens e serviços, ou que sejam incompatíveis com a boa-fé e a equidade*"[93].

15.3.4 Princípio da boa-fé objetiva

Conforme já mencionado, este princípio preconiza que, nas relações de consumo, deve prevalecer a boa-fé para garantir-se a harmonização dos interesses dos participantes e a compatibilização da proteção do consumidor com a necessidade de desenvolvimento econômico e tecnológico, de modo a viabilizar os princípios nos quais se funda a ordem econômica.

Além de estar previsto no inc. III do art. 4º do CDC, o princípio está previsto também no inc. IV do art. 51 do mesmo Código.

---

[93] MARQUES, Cláudia Lima. **Contratos no Código de Defesa do Consumidor**. 4. ed. São Paulo: Revista dos Tribunais, 2002. p. 741.

16

CLÁUSULAS ABUSIVAS

16.1 CONCEITO

No art. 51 do CDC, constam, em rol meramente exemplificativo, cláusulas que o legislador considera nulas de pleno direito, por serem abusivas, e que podem ser encontradas em qualquer espécie de contrato que o consumidor venha a celebrar com o fornecedor.

São abusivas as cláusulas notoriamente desfavoráveis ao consumidor ou, em outros termos, que comprometam seriamente o equilíbrio contratual estabelecido entre o fornecedor e o consumidor, de forma que ao primeiro seja estabelecido vantagem manifestamente exagerada em detrimento do segundo.

Como regra geral, a nulidade de uma cláusula contratual abusiva não invalida o contrato. A exceção ocorre quando da ausência da cláusula, apesar dos esforços de integração, decorrer ônus excessivo a qualquer das partes, consumidor ou fornecedor (CDC, art. 51, § 2º).

16.2 ROL DE CLÁUSULAS ABUSIVAS

O legislador pátrio foi buscar inspiração na legislação germânica para fins de elaboração do rol de cláusulas abusivas. Assim é que foram previstas duas espécies de listas de cláusulas abusivas: a *lista negra*, em que somente constam cláusulas absolutamente inválidas, e a *lista cinza*, em que constam cláusulas que poderão ser, ou não, a critério do juiz, declaradas inválidas.

16.2.1 Cláusulas Absolutamente Inválidas – Lista Negra

As cláusulas da lista negra são *sempre* inválidas e estão previstas no art. 51, incs. I, II, III, VI, VII, VIII, XIV, XV e XVI, do CDC.

16.2.1.1 Cláusula limitativa de responsabilidade

A cláusula que impossibilita, exonera ou atenua a responsabilidade do fornecedor por vícios de qualquer natureza dos produtos e serviços ou que implica renúncia ou disposição de direitos é abusiva porque fere diretamente o *princípio da irrenunciabilidade de direitos* (CDC, art. 51, inc. I).

16.2.1.2 Cláusula que subtrai opção de reembolso

O reembolso de quantia já paga é previsto como garantia legal e alternativa em diversos dispositivos do Código do Consumidor[94], sendo nula, desta feita, a cláusula que subtraia do consumidor essa opção (CDC, art. 51, inc. II).

16.2.1.3 Cláusula de transferência de responsabilidade a terceiros

O fornecedor não pode, sob pena de nulidade, estabelecer cláusula que transfira sua responsabilidade a terceiros. Assim, por exemplo, as cláusulas que propiciem às agências de turismo, fornecedoras diretas de *pacotes turísticos*, transferir a responsabilidade às operadoras, às transportadoras e aos hotéis, bem como aquelas que possibilitam aos vendedores transferir a responsabilidade pelo vício do produto ao fabricante[95] (CDC, art. 51, inc. III).

16.2.1.4 Cláusula de inversão do ônus da prova em prejuízo do consumidor

No âmbito das relações de consumo, muitas vezes o ônus da prova torna impraticável o exercício do direito pelo consumidor, porque, não raramente, depende do conhecimento de informações que não estão a sua disposição. Atento a esta realidade, o legislador previu a

---

[94] Ver a respeito os arts. 18, § 1º, inc. II; 19, inc. IV; 20, inc. II; 35, inc. III; e 49 do CDC.

[95] SILVA, Jorge Alberto Quadros de Carvalho. **Código de Defesa do Consumidor Anotado**. São Paulo: Saraiva, 2001. p. 176.

possibilidade da inversão do ônus da prova, preenchido o requisito da verossimilhança das alegações ou da hipossuficiência do consumidor, e também de que, em determinados casos, a prova incumbe ao fornecedor (CDC, arts. 12, § 3º, 14, § 3º, e 38).

Visando garantir o direito à facilitação da defesa assegurado ao consumidor (CDC, art. 6º, inc. VIII), será nula a cláusula que estabeleça a inversão do ônus da prova em *prejuízo* do consumidor (CDC, art. 51, inc. VI).

16.2.1.5 Cláusula impositiva de arbitragem

Dispõe a Lei 9.307/96 sobre a arbitragem, permitindo, em seu art. 1º, às *"pessoas capazes de contratar de valer-se da arbitragem para dirimir conflitos relativos a direitos patrimoniais disponíveis".*

O art. 4º, § 2º, estabelece que, nos contratos de adesão, a cláusula compromissória só terá eficácia se o aderente, por escrito em documento anexo, ou em negrito, com a assinatura ou visto especialmente para essa cláusula, tomar a iniciativa de instituir a arbitragem, ou concordar, expressamente, com a sua instituição.

Jorge Alberto Quadros de Carvalho Silva[96] entende que a nova "lei do juízo arbitral" não revogou o inc. VII, do art. 51, do CDC, que prevê como abusiva a cláusula que determine a utilização compulsória da arbitragem.

O art. 4º, § 2º, da referida lei é incompatível com o inc. VII do art. 51 do CDC, porquanto induz à aceitação de sua instituição em contratos de adesão, infringindo os princípios da vulnerabilidade, boa--fé e equidade que devem presidir as relações de consumo, já que compulsória essa instituição, se pactuada em cláusula compromissória, sendo exigível, inclusive, judicialmente.

16.2.1.6 Cláusula mandato

É abusiva a cláusula que *imponha* representante para concluir ou realizar outro negócio pelo consumidor[97] (CDC, art. 51, inc.

---

[96] SILVA, Jorge Alberto Quadros de Carvalho. **Código de Defesa do Consumidor Anotado**. São Paulo: Saraiva, 2001. p. 178. Segundo o autor, José Geraldo Brito Filomeno compartilha do mesmo pensamento.

[97] Nesse sentido ver Súmula 60 do STJ: "*É nula a obrigação cambial assumida por procurador do mutuário vinculado ao mutuante, no exclusivo interesse deste*".

VIII), como por exemplo, a cláusula pela qual o consumidor outorga mandato para emissão ou aceite de título de crédito em favor do próprio fornecedor ou de terceiro integrante do mesmo grupo financeiro.

Fábio Ulhoa Coelho[98], em entendimento contrário ao previsto no Código do Consumidor e ao que reiteradamente têm decidido os Tribunais acerca do tema, considera válida a cláusula mandato e afirma que não existem os problemas que se costumam identificar na sua utilização pelo banco na condição de procurador, haja vista que, se for emitido título de crédito com valor superior ao devido, a cambial será invalidada e desprovida de liquidez, suportando a instituição mandatária os ônus de sucumbência da execução e os danos patrimoniais e morais, se existirem, decorrentes do exercício irregular dos poderes de procurador.

16.2.1.7 Cláusula que viole normas ambientais

É abusiva a cláusula que infrinja ou possibilite a violação de normas ambientais (CDC, art. 51, XIV). Essa hipótese está em consonância com o art. 225 da Constituição Federal. Existe a preocupação em proteger o meio ambiente não só neste, mas também no dispositivo que proíbe a publicidade que desrespeita os valores ambientais (CDC, art. 37, § 2º).

16.2.1.8 Cláusula incompatível com o sistema de proteção do consumidor

Prevê o inc. XV, do art. 51 do CDC que é abusiva a cláusula que esteja em desacordo com o sistema de proteção ao consumidor. Trata-se de dispositivo genérico que pode abranger tanto as situações já previstas nos demais incisos, como qualquer outra situação que esteja em desacordo com o sistema de proteção do consumidor.

16.2.1.9 Cláusula de renúncia de indenização por benfeitorias necessárias

É abusiva a cláusula que possibilite a renúncia do direito de indenização por benfeitoria necessária (CDC, art. 51, inc. XVI).

---

[98] COELHO, Fábio Ulhoa. **Curso de Direito Comercial**. 7. ed. São Paulo: Saraiva, 2003, v. 1. p. 396.

Benfeitoria necessária é aquela que tem por fim conservar o bem ou evitar que se deteriore (CCB, art. 96, § 3º). O CDC silencia quanto à *benfeitoria útil*, a que aumenta ou facilita o uso do bem (CCB, art. 96, § 2º) e à *benfeitoria voluptuária*, a de mero deleite ou recreio, que não aumenta o uso habitual do bem, ainda que o torne mais agradável ou seja de elevado valor (CCB, art. 96, § 1º). Disso se pode concluir que, quanto às benfeitorias úteis e voluptuárias, tem aplicação subsidiária o Código Civil, sendo possível, portanto, a renúncia, mas sempre tendo em vista que ela não pode contrariar o sistema de proteção do consumidor.

O CDC também não menciona a possibilidade de renúncia no que diz respeito ao direito de retenção previsto no art. 1.219 do Código Civil. Segundo entendimento de Cláudia Lima Marques[99], *"até manifestação da jurisprudência no sentido de uma aplicação analógica do inc. XIV, a interpretação a contrario faz pressupor que tal cláusula não seria por si só abusiva, dependendo das circunstâncias do contrato ser ela excessivamente vantajosa ou contrária à boa-fé (art. 51, IV)"*.

16.2.2 Cláusulas Relativamente Inválidas – Lista Cinza

São cláusulas relativamente inválidas as que configuram prestações desproporcionais. A declaração de sua nulidade fica ao critério do juiz que, para tanto, deve sopesar os interesses do consumidor.

Estão elas previstas nos incs. IV, IX, X, XI, XII e XIII do art. 51, do CDC.

16.2.2.1 Cláusulas iníquas ou abusivas

É relativamente inválida a cláusula que estabeleça obrigações consideradas iníquas, abusivas, que coloquem o consumidor em desvantagem exagerada ou seja incompatível com a boa-fé e a equidade (CDC, art. 51, inc. IV).

Trata-se de hipótese genérica, eis que várias cláusulas podem ser consideradas iníquas ou abusivas, como *"as que estabelecem prazo de carência na prestação ou fornecimento de serviços, em caso de*

---

[99] MARQUES, Cláudia Lima. **Contratos no Código de Defesa do Consumidor**. 4. ed. São Paulo: Revista dos Tribunais, 2002. p. 792.

impontualidade das prestações ou mensalidades, e as que impõem limite ao tempo de internação hospitalar, que não o prescrito pelo médico[100] (cls. 1 e 14 da Portaria 4/98 da SNDE)"[101].

Presumem-se exageradas, entre outros casos, segundo o § 1º do art. 51 do CDC:

– a vantagem que ofende os princípios fundamentais do sistema jurídico a que pertence;

– a que restringe direitos ou obrigações fundamentais à natureza do contrato, de tal modo a ameaçar seu objeto ou o equilíbrio contratual;

– a que se mostra excessivamente onerosa para o consumidor, considerando-se a natureza e o conteúdo do contrato, o interesse das partes e outras circunstâncias peculiares ao caso.

Cláusulas incompatíveis com a equidade são as estabelecidas somente em favor do fornecedor. São exemplos desta espécie de cláusula abusiva as hipóteses previstas nos incs. XI, XII e XIII do art. 51 do Código do Consumidor.

Podemos citar como exemplo de cláusula abusiva por infração ao inc. IV do art. 51 do CDC a cobrança de IOF diluído nas prestações do financiamento de bens, que se afigura como condição iníqua e desvantajosa ao consumidor. Também a cobrança de taxa de abertura de crédito – TAC[102] – para cobrança de despesas administrativas pela concessão do financiamento é nula de pleno direito, por ofensa aos arts. 46, primeira parte, e 51, inc. IV, do CDC[103].

---

[100] Acerca desse último exemplo, há Súmula do STJ que assim dispõe: "*É abusiva a cláusula contratual de plano de saúde que limita no tempo a internação hospitalar do segurado*".

[101] SILVA, Jorge Alberto Quadros de Carvalho. **Código de Defesa do Consumidor Anotado**. São Paulo: Saraiva, 2001. p. 177.

[102] A TAC é uma espécie de taxa de análise de crédito cobrada por bancos e financeiras, que pode ter um valor fixo ou representar uma porcentagem sobre o crédito concedido. Desde 30.04.2008, a sua cobrança foi proibida pelo Banco Central, mas já havia decisões no Poder Judiciário contra a sua cobrança, principalmente do Estado do Rio Grande do Sul.

[103] Ap. Cív. 70027846484 – TJRS – Décima Terceira Câmara Cível – Rel. Lúcia de Castro Boller – j. em: 19.02.2009.

16.2.2.2 Cláusula optativa de conclusão do contrato

A cláusula que deixe ao fornecedor a opção de concluir ou não o contrato, embora obrigando o consumidor, é relativamente inválida (CDC, art. 51, inc. IX). Assim, por exemplo, quando o consumidor,

> *atendendo a oferta vai a revendedora de veículos e assina proposta de contrato, que será enviada à matriz para verificar se há estoque ou se o consumidor preenche os requisitos necessários. Enquanto isso o consumidor não pode contratar com outro fornecedor e se o fizer, terá que arcar com os ônus de sua quebra contratual. A unilateralidade é patente*[104].

16.2.2.3 Cláusula de variação unilateral de preço

É relativamente inválida a cláusula que permite ao fornecedor, direta ou indiretamente, variação do preço de maneira unilateral (CDC, art. 51, inc. X). Vale a regra, por exemplo, para planos de saúde e mensalidades escolares, em que são frequentes as reclamações por aumento de preços.

16.2.2.4 Cláusula de cancelamento unilateral do contrato

O fornecedor não pode pactuar cláusula que lhe autorize o cancelamento unilateral do contrato, sem que igual direito seja conferido ao consumidor (CDC, art. 51, inc. XI).

Mas como salienta Jorge Alberto Quadros de Carvalho Silva[105],

> *a existência de cláusula permitindo ao consumidor cancelar o contrato, unilateralmente, pode não convalidar aquela, possibilitando o mesmo para o fornecedor, nos contratos de adesão. Dá-se, assim, nos contratos de* **trato sucessivo** *ou* **execução continuada***, especialmente nos de plano de saúde, em que não se concebe, depois de anos de contratação, a iniciativa de o fornecedor vir a so-*

---

[104] MARQUES, Cláudia Lima. **Contratos no Código de Defesa do Consumidor**. 4. ed. São Paulo: Revista dos Tribunais, 2002. p. 793.

[105] SILVA, Jorge Alberto Quadros de Carvalho. **Código de Defesa do Consumidor Anotado**. São Paulo: Saraiva, 2001. p. 181.

*licitar o cancelamento do plano, unilateralmente, deixando o consumidor, agora com idade avançada, largado ao próprio destino, **ainda que haja cláusula recíproca**. Não é à toa que o § 2º do art. 54 do CDC diz que, nos contratos de adesão, admite-se cláusula resolutória, desde que alternativa, cabendo a escolha ao consumidor.* (grifos nossos)

16.2.2.5 Cláusula impositiva do ressarcimento de custas de cobrança

Não pode ser pactuada cláusula que obrigue o consumidor a ressarcir os custos de cobrança de sua obrigação, sem que igual direito lhe seja conferido contra o fornecedor (CDC, art. 51, inc. XII).

No presente caso, a abusividade

> *consiste no fato de que a multa, quase sempre preestabelecida, já constitui uma prefixação das perdas e danos (sem contar a imposição de pagamento de juros, comissão de permanência e atualização monetária), na medida em que já deveriam estar inseridos os custos da cobrança extrajudicial*[106].

16.2.2.6 Cláusula de modificação unilateral do conteúdo ou qualidade do contrato

É proibida cláusula que autorize o fornecedor a modificar unilateralmente o conteúdo ou a qualidade do contrato, após sua celebração (CDC, art. 51, inc. XIII).

Melhor seria se o Código falasse em conteúdo ou qualidade da *prestação contratual*, visto que, "*enquanto a modificação do conteúdo do contrato é expressão vaga, mas adequada, modificar a 'qualidade' de um contrato não é tão fácil*"[107]. Assim, por exemplo, se o fornecedor resolve substituir a madeira utilizada para a confecção dos móveis do consumidor, o que estará alterando é a prestação contratual e não o contrato em si.

---

[106] SILVA, Jorge Alberto Quadros de Carvalho. **Código de Defesa do Consumidor Anotado**. São Paulo: Saraiva, 2001. p. 182.

[107] MARQUES, Cláudia Lima. **Contratos no Código de Defesa do Consumidor**. 4. ed. São Paulo: Revista dos Tribunais, 2002. p. 794.

Cláusulas abusivas	
Lista negra – absolutamente inválidas	**Lista cinza – relativamente inválidas**
limitativas de responsabilidade	iníquas ou abusivas
que subtraem a opção de reembolso	optativa de conclusão do contrato
de transferência de responsabilidade a terceiros	de variação unilateral de preço
de inversão do ônus da prova em prejuízo do consumidor	de cancelamento unilateral do contrato
impositiva de arbitragem	impositiva do ressarcimento de custas de cobrança
cláusula mandato	de modificação unilateral do conteúdo ou qualidade do contrato
que violem normas ambientais	
incompatível com o sistema de proteção do consumidor	
de renúncia de indenização por benfeitorias necessárias	

16.3 AÇÃO DECLARATÓRIA DE NULIDADE AJUIZADA PELO MINISTÉRIO PÚBLICO

É facultado a qualquer consumidor ou entidade que o represente requerer ao Ministério Público que ajuíze a competente ação para ser declarada a nulidade de cláusula contratual que contrarie o disposto no CDC ou de qualquer forma não assegure o justo equilíbrio entre direitos e obrigações das partes.

16.4 LIMITAÇÃO DA MULTA MORATÓRIA

O Código do Consumidor estabelece como limite para as multas de mora decorrentes do inadimplemento de obrigação no seu termo, o percentual de 2% do valor da prestação.

A solução para os casos em que a multa moratória seja aplicada acima do limite legal previsto pelo Código, é a sua redução, nos termos do que preconiza o art. 413 do Código Civil: *"a penalidade deve ser reduzida equitativamente pelo juiz se a obrigação principal tiver sido cumprida em parte, ou se o montante da penalidade for manifestamente excessivo, tendo-se em vista a natureza e a finalidade do negócio"*.

Segundo a Súmula 285 do STJ, "*nos contratos bancários posteriores ao Código do Consumidor incide a multa moratória nele prevista*".

16.5 DIREITO À LIQUIDAÇÃO ANTECIPADA DO DÉBITO

O consumidor tem assegurado o direito de liquidar antecipadamente seu débito, total ou parcialmente, mediante redução proporcional dos juros e demais acréscimos. Cláusula que estabeleça a perda dos juros e demais acréscimos em favor do fornecedor será abusiva e, portanto, nula.

16.6 PERDA DAS PRESTAÇÕES NOS CONTRATOS DE COMPRA E VENDA DE MÓVEIS E IMÓVEIS MEDIANTE PAGAMENTO EM PRESTAÇÕES

Nos contratos de compra e venda de móveis ou imóveis mediante pagamento em prestações, como nas alienações fiduciárias em garantia, consideram-se nulas de pleno direito as cláusulas que estabeleçam a perda total das prestações pagas em benefício do credor que, em razão do inadimplemento, pleitear a resolução do contrato e a retomada do produto alienado. (CDC, art. 53)

Trata-se de disposição de ordem pública, havendo entendimento jurisprudencial de sua aplicabilidade, inclusive para os contratos formulados anteriormente à vigência do CDC[108].

16.6.1 Contratos do sistema de consórcio de produtos duráveis

Nos contratos do sistema de consórcio de produtos duráveis, a compensação ou restituição das parcelas quitadas terá descontados, além da vantagem econômica auferida com a fruição, os prejuízos que o desistente ou inadimplente causar ao grupo (CDC, art. 53, § 2º).

---

[108] Ver Processo: 083184700 Origem: Curitiba – 7ª. Vara Cível. Número do Acórdão: 5197 Decisão: Órgão Julgador: 5ª. Câmara Cível – Rel. Cyro Crema – j. em: 23.05.2000.

Nos termos da Súmula 35 do STJ: "*Incide correção monetária sobre as prestações pagas, quando de sua restituição, em virtude da retirada ou exclusão do participante de plano de consórcio*".

16.6.2 Requisito

Os contratos de compra e venda de móveis ou imóveis mediante pagamento em prestações serão expressos em moeda corrente nacional (CDC, art. 53, § 3º).

16.7 DIREITO DE ARREPENDIMENTO NOS CONTRATOS CELEBRADOS FORA DO ESTABELECIMENTO COMERCIAL

O Código do Consumidor prevê o prazo de 7 (sete) dias para que o consumidor desista de contratos celebrados fora do estabelecimento comercial do fornecedor, em casos como venda de porta em porta ou venda por telefone.

O prazo beneficia o consumidor, principalmente, em dois tipos de situação:

> *A primeira está nas práticas agressivas de venda, como é o caso das vendas porta a porta, em que o consumidor, mesmo não estando predisposto a comprar, acaba caindo na "hábil" conversa de vendedores bem treinados. Na segunda situação, o consumidor é induzido por publicidade a comprar produtos vendidos pelo sistema de reembolso postal ou **telemarketing**. Nessas condições, ele não tem contato direito com o produto, e acaba surpreendendo-se negativamente quando o mesmo chega à sua casa (Nota 2, IDEC, p. 77)*[109].

O prazo se conta da assinatura do contrato ou do ato de recebimento do produto ou serviço e, sempre que o consumidor exercitar seu direito de arrependimento, os valores eventualmente pagos, a qualquer título, durante o prazo de reflexão, serão devolvidos, de imediato, monetariamente atualizados.

---

[109] OLIVEIRA, José Carlos. **Código de Defesa do Consumidor**. 3. ed. São Paulo: Lemos e Cruz, 2002. p. 176.

Quanto à compra de produtos e serviços através da *Internet*, vale a lição de Fábio Ulhoa Coelho[110], de que se realizam "dentro" do estabelecimento (virtual) do fornecedor. Para o autor, "*o consumidor internetenáutico não tem direito de arrependimento, a menos que o empresário tenha utilizado em seu* **website** *alguma técnica agressiva de* **marketing***, isto é, tenha-se valido de expediente que inibe a reflexão do consumidor sobre a necessidade e conveniência da compra*".

16.8 GARANTIA CONTRATUAL

A garantia contratual é complementar à legal e deve ser conferida pelo fornecedor mediante termo escrito ao consumidor. "*O prazo de garantia começa a contar depois de transcorridos 30 ou 90 dias da garantia legal. Por exemplo, se você compra uma bateria para seu carro e o fornecedor lhe dá uma garantia por escrito de seis meses, este prazo só começará a correr depois de 90 dias a que se refere o art. 26. (Nota 2, IDEC, p. 54)*[111]"

José Geraldo Brito Filomeno[112] aponta a dupla finalidade da garantia: "*1ª) zelar pelo bom nome da própria empresa-fornecedora; 2ª) reparar eventuais defeitos, sabendo-se que na produção em massa alguns exemplares fabricados fatalmente apresentarão algum defeito, dentro de um certo tempo de uso ainda inicial, por maior que seja o controle de qualidade que disponha*".

O termo de garantia ou equivalente deve ser padronizado a esclarecer, de maneira adequada, em que consiste a garantia, bem como a forma, o prazo e o lugar em que pode ser exercida e os ônus a cargo do consumidor, devendo ser-lhe entregue, devidamente preenchido pelo fornecedor, no ato do fornecimento, acompanhado de manual de instrução, de instalação e uso dos produtos em linguagem didática, com ilustração (CDC, art. 50, parágrafo único).

---

[110] COELHO, Fábio Ulhoa. **Curso de Direito Comercial**. 3. ed. São Paulo: Saraiva, 2002. v. 3, p. 50.

[111] OLIVEIRA, José Carlos. **Código de Defesa do Consumidor**. 3. ed. São Paulo: Lemos e Cruz, 2002, p. 120.

[112] FILOMENO, Geraldo Brito. **Manual de Direito do Consumidor**. 6. ed. São Paulo: Atlas, 2003. p. 293.

QUESTÕES DE CONCURSOS

Questão 67 do Concurso para provimento do cargo de Juiz Substituto do TJ/SC, realizado em 2004.

O Código do Consumidor considera, entre outras, cláusula abusiva aquela que confere ao fornecedor vantagem exagerada.

À luz do Código, presume-se que há vantagem exagerada quando:

a) *Atenua ou exonera a responsabilidade do fornecedor.*

b) *Ofende os princípios fundamentais do sistema jurídico a que pertence.*

c) *Estabelece a inversão do ônus da prova a favor do fornecedor.*

d) *Permite aplicação de índice de reajuste diverso do legal ou pactuado.*

e) *Condiciona o fornecimento de um produto à aquisição de outro.*

Comentários à questão:

A alternativa correta é a letra b. Trata-se de uma das hipóteses previstas no § 1º do art. 51 do CDC. As hipóteses previstas nas letras **a** e **c** são de cláusulas absolutamente inválidas, pertencentes à lista negra das cláusulas abusivas. Já as hipóteses das letras **d** e **e** são de práticas abusivas previstas no art. 39 do CDC.

Questão 46 do Concurso de ingresso na carreira de Procurador do Estado de Goiás, realizado em 2001.

Nos contratos de consumo:

a) *a garantia contratual é complementar à legal;*

b) *a garantia contratual independe de termo escrito;*

c) *existindo garantia contratual, desconsidera-se a garantia legal;*

d) *a garantia legal é de 180 dias para todos os produtos e serviços.*

Comentários à questão:

A resposta correta é a letra a. A garantia contratual é complementar à legal e deve ser conferida pelo fornecedor mediante termo escrito ao consumidor (CDC, art. 50). Os prazos da garantia legal foram estabelecidos no art. 26 do CDC: 30 (trinta) dias, tratando-se de fornecimento de serviço e de produto não duráveis e, 90 (noventa) dias, tratando-se de fornecimento de serviço e produto duráveis.

Questão 47 do Concurso de ingresso na carreira de Procurador do Estado de Goiás, realizado em 2001.

Assinale a alternativa correta:

a) *as cláusulas abusivas estão contidas em rol taxativo pelo Código de Defesa do Consumidor;*

b) *é válida cláusula contratual que estabeleça a inversão do ônus da prova em favor do fornecedor de produtos e serviços;*

c) *toda cláusula de contrato de consumo é interpretada com observância da boa-fé subjetiva do fornecedor de produtos e serviços;*

d) *a nulidade de uma cláusula abusiva não invalida o contrato de consumo.*

Comentários à questão:

A **resposta correta é a letra d**, porque, de regra, uma cláusula abusiva não torna nulo o contrato de consumo, salvo quando de sua ausência, apesar dos esforços de integração, decorrer ônus excessivo a qualquer das partes (CDC, art. 51, § 2º).

A alternativa **a** está errada, uma vez que o rol de cláusulas abusivas apresentado pelo CDC é exemplificativo e não taxativo como consta na assertiva. Nesse sentido, dispõe o *caput* do art. 51 que "*são nulas de pleno direito, entre outras ...*".

A alternativa **b** não está correta porque trata de hipótese de cláusula absolutamente inválida prevista no inc. VI do art. 51 do CDC: "*estabeleçam inversão do ônus da prova em prejuízo do consumidor*".

E, por fim, a alternativa **c** está errada porque é a boa-fé objetiva do fornecedor que deve ser observada quando da interpretação das cláusulas do contrato de consumo.

Questão 88 do Concurso para provimento do cargo de Promotor de Justiça Substituto de Goiás, realizado em 2004.

Sobre os contratos que regulam as relações de consumo é correto afirmar:

I. O Código de Defesa do Consumidor expressamente prevê a boa-fé e o equilíbrio das relações de consumo como princípios básicos das relações de consumo.

II. Os contratos que regulam as relações de consumo somente não obrigarão os consumidores se estes não tiverem oportunidade de tomar conhecimento prévio de seu conteúdo, ou se os respectivos instrumentos forem redigidos de modo a dificultar a compreensão de seu sentido e alcance.

III. A cláusula contratual que estabeleça a inversão do ônus da prova será nula de pleno direito, mesmo quando objeto de prévia convenção, se importar em prejuízo ao consumidor.

IV. A nulidade de uma cláusula contratual abusiva sempre invalida o contrato, por constituir-se em vício insanável do ato praticado.

A. ( ) todas as alternativas são verdadeiras;

B. ( ) apenas as alternativas III e IV são falsas;

C. ( ) apenas as alternativas I, II e III são verdadeiras;

D. ( ) todas as alternativas são falsas.

Comentários à questão:

A alternativa correta é a letra c, uma vez que as assertivas I, II e III são verdadeiras.

A assertiva I está correta, porque a boa-fé e o equilíbrio das relações de consumo são princípios básicos das relações de consumo (CDC, art. 4º, inc. III). As assertivas II e III estão corretas porque de acordo, respectivamente, com os arts. 46 e 51, inc. VI, do CDC.

Já a assertiva IV está errada porque, de regra, uma cláusula abusiva não torna nulo o contrato de consumo (CDC, art. 51, § 2º).

Questão 39 do Concurso para provimento do cargo de Juiz Substituto, realizado em 2008.

Assinale a alternativa INCORRETA:

a) É direito básico do consumidor a modificação das cláusulas contratuais que estabeleçam prestações desproporcionais ou sua revisão em razão de fatos supervenientes que as tornem excessivamente onerosas.

b) A oferta e apresentação de produtos ou serviços devem assegurar informações corretas, claras, precisas, ostensivas e em língua portuguesa sobre o respectivo preço.

c) Os contratos que regulam as relações de consumo não obrigarão os consumidores, se não lhes for dada a oportunidade de tomar conhecimento prévio de seu conteúdo.

d) O consumidor pode desistir por arrependimento do contrato, no prazo de 7 dias a contar de sua assinatura ou do ato de recebimento do produto ou serviço, sempre que a contratação de fornecimento de produtos e serviços ocorrer no estabelecimento comercial.

Comentários à questão:

A alternativa incorreta é a letra d, uma vez que o direito de arrependimento nos termos previstos na questão somente pode ser utilizado pelo consumidor se a contratação de fornecimento de produtos e serviços ocorrer fora do estabelecimento comercial.

A alternativa **a** está correta, pois de acordo com o inc. V do art. 6º do CDC.

A alternativa **b** está correta, pois de acordo com o art. 31 do CDC e de acordo com o parágrafo único acrescentado ao artigo pela Lei 11.989/09, essas informações nos produtos refrigerados oferecidos ao consumidor, devem ser gravadas de forma indelével.

A alternativa **c** está correta, pois de acordo com o art. 46 do CDC, lembrando que os contratos que regulam as relações de consumo também não obrigam o consumidor se os respectivos instrumentos forem redigidos de modo a dificultar a compreensão de seu sentido e alcance.

Questão 19 – Concurso Público do Tribunal de Justiça do Estado do Paraná para o cargo de juiz substituto realizado em 2010.

O Código de Defesa do Consumidor (8.078/90) expressa que os contratos que regulam as relações de consumo não obrigarão os consumidores, se não lhes for dada a oportunidade de tomas conhecimento prévio de seu conteúdo, ou se os respectivos isntrumentos forem redigidos de modo a dificultar a compreensão de seu sentido e alcance. Sobre os contrato de consumo, é **CORRETO** afirmar:

a) *São nulas de pleno direito, entre outras, as cláusulas contratuais relativas ao fornecimento de produtos e serviços que estabeleçam inversão do ônus da prova a favor do consumidor.*

b) *Nos contratos de compra e venda de móveis ou imóveis mediante pagamento em prestações, bem como nas alienações fiduciárias em garantia, consideram-se válidas as cláusulas que estabeleçam a perda total das préstações pagas em benefício do credor que, em razão do inadimplemento, pleitear a resolução do contrato e a retomada do produto aliendado.*

c) *O Consumidor pode desistir do contato, no prazo de 7 (sete) dias a contar de sua assinatura ou do ato de recebimento do produto ou serviço, sempre que a contratação de fornecimento de produtos e serviços ocorrer fora do estabelecimento comercial, especialmente por telefone ou em domicílio.*

d) *Nos contratos de adesão, admite-se cláusula resolutória, dede que alternativa, cabendo a escolha ao fornecedor.*

Comentários à questão:

A alternativa correta é a letra C, pois está de acordo com o parágrafo único do art. 31, incluído pela Lei 11.989 de 2009.

As demais alternativas estão incorretas, pois estão em desacordo com o inc. IV do art. 51 (letra a), art. 53 (letra b), § 2°, do art. 54 (letra c).

17

SANÇÕES ADMINISTRATIVAS

17.1 PODERES DA ADMINISTRAÇÃO

Para o exercício das funções ligadas à proteção do consumidor, a Administração Pública foi dotada de poderes. São eles: o poder regulamentar, o poder de fiscalização e controle e o poder investigatório.

17.1.1 Poder regulamentar

Nos termos do art. 24, inc. V, da Constituição Federal, compete à União, aos Estados e ao Distrito Federal legislar concorrentemente sobre produção e consumo, significando dizer que a União editará normas gerais, devendo os Estados e Distrito Federal especificá-las, por meio das suas respectivas leis (CF, art. 24, § 2º).

No mesmo sentido é a previsão do art. 55 do CDC: "*A União, os Estados e Distrito Federal, em caráter concorrente nas suas respectivas áreas de atuação administrativa, baixarão normas relativas à produção, industrialização, distribuição e consumo de produtos e serviços*".

17.1.1.1 Decreto Federal 2.181/97

Com base no art. 84, inc. IV, da Constituição Federal, o Presidente da República, no uso de suas atribuições, fez editar o Decreto Federal 2.181, de 20.03.1997, que dispõe sobre a organização do Sistema Nacional de Defesa do Consumidor – SNDC e estabelece as normas gerais para a aplicação das sanções administrativas previstas no CDC no âmbito da União.

Esse decreto está dividido em sete capítulos, que tratam do SNDC (capítulo I), da competência dos órgãos integrantes do SNDC (capítulo II), da fiscalização, das práticas infrativas e das penalidades administrativas (capítulo III), da destinação da multa e da administração dos recursos (capítulo IV), do processo administrativo (capítulo V), do elenco de cláusulas abusivas e do cadastro de fornecedores (capítulo VI), e das disposições gerais (capítulo VII).

17.1.2 Poder de fiscalização e controle

A União, os Estados, o Distrito Federal e os Municípios devem fiscalizar e controlar a produção, a industrialização, a distribuição, a publicidade de produtos e serviços e o mercado de consumo, no interesse da preservação da *vida*, da *saúde*, da *segurança*, da *informação* e do *bem-estar* do consumidor, baixando as normas que se fizerem necessárias para tanto (CDC, art. 55, § 1º).

Para a revisão e atualização das normas relativas à produção, industrialização, distribuição e ao consumo de produtos e serviços permite-se a criação pelos órgãos federais, estaduais, do Distrito Federal e municipais de *comissões permanentes*, nas quais é *obrigatória* a participação dos consumidores e fornecedores (CDC, art. 55, § 3º).

17.1.3 Poder investigatório

Os órgão oficiais podem expedir notificações aos fornecedores para que, sob pena de desobediência, prestem informações sobre questões de interesse do consumidor, resguardado o segredo industrial (CDC, art. 55, § 4º).

17.2 ESPÉCIES DE SANÇÕES ADMINISTRATIVAS

Várias são as sanções previstas para as infrações de ordem administrativa a que pode ficar sujeito o fornecedor quando do descumprimento das normas do CDC e das demais normas de defesa do consumidor, sem prejuízo da aplicabilidade das sanções de natureza civil e penal.

As sanções administrativas podem ser aplicadas isolada ou cumulativamente, inclusive de forma cautelar, antes ou durante o processo administrativo.

17.2.1 Pena de multa

A pena de multa será graduada de acordo com a gravidade da infração, a vantagem auferida e a condição econômica do fornecedor e será aplicada mediante procedimento administrativo, revertendo para o Fundo de que trata o art. 13 da Lei 7.347, de 24.07.1985, os valores cabíveis à União, ou para os fundos estaduais ou municipais de proteção ao consumidor nos demais casos.

17.2.2 Sanções aplicáveis nos casos de vícios de qualidade ou de quantidade

As penas de apreensão, de inutilização do produto, de proibição de fabricação de produtos, de suspensão do fornecimento de produto ou serviço, de cassação do registro do produto e de revogação da concessão ou permissão de uso serão aplicadas quando constatados vícios de quantidade ou de qualidade por inadequação ou insegurança do produto ou serviço (CDC, art. 59).

17.2.3 Sanções aplicáveis no caso de reincidência em crimes de maior gravidade

As penas de cassação de alvará de licença, de interdição e de suspensão temporária da atividade e a de intervenção administrativa serão aplicadas quando o fornecedor for reincidente na prática das infrações de maior gravidade previstas no Código e na legislação de consumo (CDC, art. 59).

A pena de cassação da concessão será aplicada à concessionária de serviço público, quando violar obrigação legal ou contratual (CDC, art. 59, § 1º).

A pena de intervenção administrativa será aplicada sempre que as circunstâncias de fato desaconselharem a cassação de licença, a interdição ou suspensão de atividade (CDC, art. 59, § 2º).

Pendendo ação judicial na qual se discuta a imposição de penalidade administrativa, não haverá reincidência até o trânsito em julgado da sentença.

17.2.4 Contrapropaganda

A sanção imposta ao anunciante de publicidade abusiva ou enganosa no âmbito administrativo é a contrapropaganda, a qual será divulgada na mesma forma, frequência e dimensão e, preferencialmente, no mesmo veículo, local, espaço e horário, de forma capaz a desfazer o malefício da publicidade enganosa ou abusiva, sempre às expensas do fornecedor.

18

INFRAÇÕES PENAIS

18.1 DISPOSIÇÕES INICIAIS

O Código de Defesa do Consumidor relaciona vários crimes contra as relações de consumo, sem prejuízo do disposto no Código Penal e leis especiais[113].

18.2 DA RESPONSABILIDADE E CONCURSO DE PESSOAS

De acordo com o art. 75, quem, de qualquer forma, concorrer para a prática dos crimes definidos no CDC, incide nas mesmas penas a esses cominadas, na medida de sua culpabilidade. Trata-se de regra supérflua, pois de mesmo conteúdo do art. 29 do Código Penal, que tem aplicação subsidiária ao CDC.

Estabelece ainda, o citado artigo, que o diretor, administrador ou gerente da pessoa jurídica que promover, permitir ou, por qualquer modo, aprovar o fornecimento, oferta, exposição à venda ou manutenção em depósito de produtos ou serviços e prestações de serviços nas condições por ele proibidas, também incide nas mesmas penas cominadas para os crimes previstos no CDC.

---

[113] Neste sentido ver Lei 1.521/51, que define crimes contra a economia popular, Lei 8.137/90, que define crimes contra a ordem tributária, econômica e contra as relações de consumo, Lei 4.591/64, que dispõe sobre o condomínio em edificações e as incorporações imobiliárias, Dec.-lei 73/66, que trata do Sistema Nacional de Seguros Privados, Lei 6.766/79, que dispõe sobre o parcelamento do solo urbano e Lei 7.492/96, que define os crimes contra o Sistema Financeiro Nacional.

José Geraldo Brito Filomeno[114] ensina que não procede a crítica de que se estaria criando uma espécie de "responsabilidade objetiva" dessas pessoas, pois vale mais o mencionado dispositivo pelo seu caráter explicativo ou didático.

18.3 A PESSOA JURÍDICA COMO SUJEITO ATIVO DE CRIME

Sujeito ativo nos crimes praticados contra o consumidor é o fornecedor definido no art. 3º do Código de Defesa do Consumidor. Mas como adverte Antonio Cezar Lima da Fonseca[115], o conceito não pode ser totalmente aplicado à esfera criminal consumerista, *"porque ele engloba pessoas jurídicas e outros entes de discutível penalização"*.

O debate sobre a responsabilidade penal da pessoa jurídica é antigo, e atualmente predomina o entendimento de sua impossibilidade: *societas delinquere non potest*.

Somente nas infrações penais contra o meio ambiente, tem-se entendido possível a penalização da pessoa jurídica, na medida em que há previsão nesse sentido no art. 225, § 3º, da Constituição Federal e no art. 3º da Lei 9.605/98, que dispõe sobre as sanções penais e administrativas de condutas e atividades lesivas ao meio ambiente.

Dessa feita, se o fornecedor é pessoa jurídica, quando se falar em sujeito ativo nos crimes contra as relações de consumo, deve-se pensar sempre na pessoa física que pratica a conduta típica e antijurídica por meio da pessoa jurídica para fins de responsabilização penal.

18.4 CIRCUNSTÂNCIAS AGRAVANTES

Várias são as circunstâncias que agravam os crimes tipificados no CDC. Elas estão previstas no art. 76 e levam em conta a época

---

[114] FILOMENO, José Geraldo Brito. **Manual de Direitos do Consumidor**. 6. ed. São Paulo: Atlas, 2003. p. 295.
[115] FONSECA, Antonio Cezar Lima da. **Direito penal do consumidor**. 2. ed. Porto Alegre: Livraria do Advogado, 1999. p. 50.

em que o delito é praticado (inc. I), a gravidade do dano (inc. II), o modo como o delito é praticado (inc. III), a pessoa que pratica ou contra quem o delito é praticado (inc. IV, alíneas a e b) e a essencialidade do produto ou serviço (inc. IV, alínea c). São elas:

I – as cometidas em época de grave crise econômica ou por ocasião de calamidade;

II – as que ocasionam grave dano individual ou coletivo;

III – as que dissimulam a natureza ilícita do procedimento;

IV – as que são cometidas:

a) por servidor público, ou por pessoa cuja condição econômico-social seja manifestamente superior à da vítima;

b) em detrimento de operário ou rurícula; de menor de dezoito ou maior de sessenta anos; ou de pessoas portadoras de deficiência mental, interditadas ou não.

V – as praticadas em operações que envolvam alimentos, medicamentos ou quaisquer outros produtos ou serviços essenciais.

18.5 PENA DE MULTA

A pena de multa prevista pelo CDC será fixada em dias-multa, correspondente ao mínimo e ao máximo de dias de duração da pena privativa da liberdade cominada ao crime (CDC, art. 77).

Na individualização desta multa, o juiz observará o disposto no art. 60, *caput* e § 1º, do Código Penal, ou seja, o juiz atenderá principalmente à situação econômica do réu, podendo ser aumentada até o triplo se considerar que, em virtude da situação econômica do réu, é ineficaz, embora aplicada no máximo.

A pena de multa pode ser cominada individualmente, cumulativamente, alternativamente ou em caráter substitutivo. Nos crimes previstos nos arts. 63, *caput* e § 1º, 64, 65, 66, *caput* e § 1º, 67, 68, 70 e 71 do CDC, ela é aplicada cumulativamente e, nos crimes previstos nos arts. 63, § 2º, 66, § 2º, 69; 72; 73 e 74, ela é aplicada alternativamente.

18.6 PENAS RESTRITIVAS DE DIREITO

Além da aplicação das penas privativas de liberdade e de multa, pode-se também aplicar, *cumulada ou alternativamente*, observados os arts. 44 a 47 do Código Penal, as penas de interdição temporária de direitos; de publicação em órgãos de comunicação de grande circulação ou audiência, às expensas do condenado, de notícia sobre os fatos e a condenação e de prestação de serviços à comunidade.

Com efeito, as chamadas penas restritivas de direito previstas no CP são *"autônomas e substituem as privativas de liberdade"* (art. 44). Já as previstas pelo CDC podem ser cumuladas ou alternativas às privativas de liberdade.

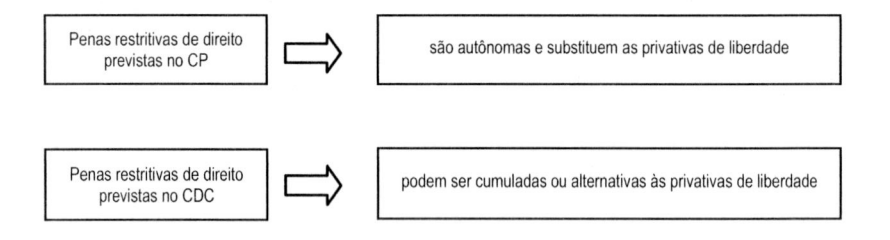

Penas restritivas de direito previstas no CP	⇨	são autônomas e substituem as privativas de liberdade
Penas restritivas de direito previstas no CDC	⇨	podem ser cumuladas ou alternativas às privativas de liberdade

Nos termos do art. 46 do CP, *"a prestação de serviços à comunidade consiste na atribuição ao condenado de tarefas gratuitas junto a entidades assistenciais, hospitais, escolas, orfanatos e outros estabelecimentos congêneres, em programas comunitários ou estatais"*.

Já as penas de interdição temporária de direitos são, nos termos do art. 47 do CP: a) a proibição de exercício de cargo, função ou atividade pública, bem como de mandato eletivo; b) a proibição do exercício de profissão, atividade ou ofício que dependem de habilitação especial, de licença ou autorização do poder público; c) e a suspensão de autorização ou de habilitação para dirigir veículo.

A pena de publicação em órgãos de comunicação de grande circulação ou audiência, às expensas do condenado, de notícia sobre os fatos e a condenação é pena restritiva de direito aplicável apenas para as infrações de consumo.

18.7 FIANÇA

O art. 79 prevê a instituição do valor e limites para a fixação de fiança nos crimes previstos pelo CDC. Cumpre ao juiz ou autoridade que presidir o inquérito a fixação da fiança que se dará, entre 100 (cem) e 200.000 (duzentas mil) vezes o valor do Bônus do Tesouro Nacional (BTN), ou índice equivalente que venha a substituí-lo.

Observando-se a situação econômica do réu, a fiança poderá ser revista e reduzida até a metade de seu valor mínimo ou aumentada pelo juiz até vinte vezes.

18.8 INTERVENÇÃO DE ASSISTENTE DE ACUSAÇÃO E AÇÃO PENAL SUBSIDIÁRIA

O art. 80 do CDC prevê a possibilidade de intervenção, como assistente do Ministério Público, e a legitimidade para propor a ação penal privada subsidiária da pública aos crimes e contravenções que envolvam relações de consumo aos legitimados no art. 82, incs. III e IV, do Código. São eles:

– entidades e órgãos da administração pública, direta ou indireta, ainda que sem personalidade jurídica, especificamente destinados à defesa dos interesses e direitos protegidos pelo Código do Consumidor;

– associações legalmente constituídas há pelo menos um ano e que incluam entre seus fins institucionais a defesa dos interesses e direitos protegidos pelo Código do Consumidor, dispensada a autorização assemblear.

Com efeito, para os crimes e contravenções que envolvam relações de consumo, houve uma ampliação do rol de legitimados para o ajuizamento da ação subsidiária, visto que, nos termos do art. 29 e 30 do CPP, a ação penal privada subsidiária da pública é admitida se esta não for intentada no prazo legal e pode ser proposta somente pelo ofendido ou por quem tenha qualidade para representá-lo.

O mesmo se diga quanto à assistência, uma vez que o CPP a permite, em seu art. 268, em todos os termos da ação pública, ao ofendido ou a seu representante legal, ou, na falta, em decorrência de morte ou declaração judicial de ausência, ao cônjuge, ascendente, descendente ou irmão.

19

DOS CRIMES PREVISTOS NO CÓDIGO DO CONSUMIDOR[116]

19.1 OMISSÃO DE DIZERES OU SINAIS OSTENSIVOS

> *Art. 63. Omitir dizeres ou sinais ostensivos sobre a nocividade ou periculosidade de produtos, nas embalagens, nos invólucros, recipientes ou publicidade:*
> *Pena: Detenção de 6 (seis) meses a 2 (dois) anos e multa.*
> *§ 1º Incorrerá nas mesmas penas quem deixar de alertar, mediante recomendações escritas, ostensivas, sobre a periculosidade do serviço a ser prestado.*
> *§ 2º Se o crime é culposo:*
> *Pena: Detenção de 1 (um) a 6 (seis) meses ou multa.*

19.1.1 Bem jurídico tutelado

Este crime está relacionado com o art. 9º do CDC, ou seja, com o direito de informação do consumidor. Os bens jurídicos tutelados são a vida, a saúde e a segurança do consumidor contra os riscos provocados pela falta de informações adequadas no fornecimento de produtos e serviços.

19.1.2 Sujeitos ativo e passivo

O sujeito ativo, como define Antonio Cezar Lima da Fonseca[117], será *"todo aquele que tendo o dever de fazer constar os dizeres*

---

[116] Em todos os crimes previstos no CDC, a ação penal é pública incondicionada.
[117] FONSECA, Antonio Cezar Lima da. **Direito penal do consumidor**. 2. ed. Porto Alegre: Livraria do Advogado, 1999. p. 136.

ou sinais de alerta se omite". Daí que se pode enquadrar na definição, do fabricante ao importador, do patrocinador da publicidade até o varejista e até o comerciante.

No caso do parágrafo primeiro, o sujeito ativo é todo prestador de serviços que deixar de fazer constar as recomendações escritas necessárias.

O sujeito passivo indireto é o consumidor passível de identificação, e o sujeito passivo direto é a coletividade de consumidores, em ambos os casos.

19.1.3 Tipo objetivo

A ação típica consiste em *omitir* dizeres ou sinais ostensivos sobre a nocividade ou periculosidade de produtos (*caput*) ou *deixar* de alertar sobre a periculosidade do serviço a ser prestado (§ 1º).

Nocivo, derivado do latim *nocivus*, de *nocere*, é o que prejudica, causa dano efetivo. Nocividade é qualidade do que é nocivo. Periculosidade, derivada do latim *periculosus*, significa a situação que oferece perigo provável para alguém ou alguma coisa[118].

19.1.4 Tipo subjetivo

O elemento subjetivo do crime é o *dolo*, representado pela vontade de omitir dizeres ou sinais ostensivos nas embalagens, nos invólucros, nos recipientes de produtos ou na sua publicidade e, no caso do § 1º, pela vontade de deixar de alertar sobre a periculosidade do serviço a ser prestado.

19.1.5 Classificação doutrinária

Os crimes previstos no *caput* e no § 1º do art. 63 são crimes omissivos próprios, porque o fornecedor tem a obrigação legal de prestar informações adequadas ao consumidor sobre a nocividade e periculosidade do produto e sobre a periculosidade do serviço a ser prestado, configurando o descumprimento desses deveres ilícito penal.

---

[118] SILVA, De Plácido. **Vocabulário Jurídico**. 15. ed. Rio de Janeiro: Forense, 1998. p. 555 e 602.

Como crimes omissivos, independem de qualquer resultado material no mundo exterior, daí por que alguns dizem que tais crimes são formais, e outros, de mera conduta.

19.1.6 Consumação e tentativa

A consumação ocorre com a inobservância do dever de informar sobre a periculosidade ou nocividade do produto (*caput*) ou com a inobservância do dever de alertar sobre a periculosidade do serviço a ser prestado (§ 1º).

Por se tratar de crimes omissivos próprios, não é admitida a tentativa.

19.1.7 Forma culposa

O tipo em questão admite a modalidade culposa quando, por exemplo, "*o fornecedor se utiliza de cópias reprográficas de péssima qualidade em suas advertências de nocividade ou periculosidade, as quais caso expostas ao sol, acabem desaparecendo*"[119].

19.2 OMISSÃO NA COMUNICAÇÃO ÀS AUTORIDADES COMPETENTES

> **Art. 64.** Deixar de comunicar à autoridade competente e aos consumidores a nocividade ou periculosidade de produtos cujo conhecimento seja posterior à sua colocação no mercado:
>
> Pena: Detenção de 6 (seis) meses a 2 (dois) anos e multa.
>
> **Parágrafo único.** Incorrerá nas mesmas penas quem deixar de retirar do mercado, imediatamente, quando determinado pela autoridade competente, os produtos nocivos ou perigosos, na forma deste artigo.

19.2.1 Bem jurídico tutelado

Este crime está relacionado com o art. 10 do CDC. Os bens jurídicos tutelados são a vida, a saúde e a segurança do consumidor contra os riscos provocados por práticas no fornecimento de produtos considerados perigosos ou nocivos.

---

[119] FONSECA, Antonio Cezar Lima da. **Direito penal do consumidor**. 2. ed. Porto Alegre: Livraria do Advogado, 1999. p. 140.

19.2.2 Sujeitos ativo e passivo

O sujeito ativo é o fornecedor que tem o dever de comunicar à autoridade competente e ao consumidor a nocividade ou periculosidade do produto e o dever de retirar o produto do mercado.

O sujeito passivo indireto é o consumidor passível de identificação e o sujeito passivo direto é a coletividade de consumidores.

19.2.3 Tipo objetivo

A ação típica se revela com a simples omissão que consiste em *deixar de comunicar* à *autoridade competente* ou então *deixar de retirar imediatamente* o *produto* do mercado quando assim por ela determinado.

Por *autoridade competente*, deve-se entender "*a pessoa física que detém o poder de emitir os atos administrativos em nome da pessoa jurídico-administrativa responsável pela autorização, fiscalização ou emissão de ordem ou licença para liberar o produto*"[120].

A omissão, é importante anotar, é *a posteriori*, "*pois se o fornecedor tem conhecimento prévio da periculosidade ou nocividade do produto deve tomar as cautelas dos arts. 9º e 31 do, CDC, sob pena de incidir no art. 63, CDC*"[121].

19.2.4 Tipo subjetivo

O *dolo* é o elemento subjetivo do tipo que consiste na vontade de omitir o comunicado (*caput*) ou deixar de retirar imediatamente o produto do mercado (parágrafo único).

19.2.5 Classificação doutrinária

O crime previsto no *caput* do artigo é crime omisso próprio, porque o fornecedor deixa de realizar a comunicação à autoridade competente e aos consumidores sobre a nocividade e periculosidade do produto. E o previsto no parágrafo único, é crime omissivo próprio,

---

[120] FONSECA, Antonio Cezar Lima da. **Direito penal do consumidor**. 2. ed. Porto Alegre: Livraria do Advogado, 1999. p. 144.

[121] FONSECA, Antonio Cezar Lima da. **Direito penal do consumidor**. 2. ed. Porto Alegre: Livraria do Advogado, 1999. p. 147.

porque o fornecedor deixa de efetuar a retirada imediata do produto do mercado de consumo quando assim determinado pela autoridade competente.

Há quem classifique os crimes como de mera conduta e quem os classifique como crime formal.

19.2.6 Consumação e tentativa

O crime se consuma com a violação do dever de agir, isto é, de comunicar à autoridade competente e aos consumidores a nocividade ou periculosidade do produto e, nos termos do § 1º, de deixar de retirá-lo *imediatamente* do mercado de consumo quando determinado pela autoridade competente.

Conforme ensina Jorge Alberto Quadros de Carvalho Silva[122], parte da doutrina entende que, para que o crime não se configure, a comunicação deve ser feita à autoridade competente e aos consumidores, e outra parte entende que basta a comunicação a um deles (autoridade competente ou consumidores) para descaracterizar o crime.

Por se tratar de crimes omissivos próprios e de mera conduta, a tentativa não é admitida.

19.3 EXECUÇÃO DE SERVIÇOS PERIGOSOS

> *Art. 65.* Executar serviço de alto grau de periculosidade, contrariando determinação de autoridade competente:
> Pena: Detenção de 6 (seis) meses a 2 (dois) anos e multa.
> **Parágrafo único.** As penas deste art. são aplicáveis sem prejuízo das correspondentes à lesão corporal e à morte.

19.3.1 Bem jurídico tutelado

Este crime também está relacionado com o art. 10 do CDC. Os bens jurídicos tutelados são a vida, a saúde e a segurança do consumidor contra os riscos provocados pela execução de serviço de alto grau de periculosidade, como, por exemplo, os relacionados a agrotó-

---

[122] SILVA, Jorge Alberto Quadros de Carvalho. **Código de Defesa do Consumidor Anotado.** São Paulo: Saraiva, 2001. p. 228.

xicos, formicidas e raticidas, que contrariem determinação da autoridade competente.

19.3.2 Sujeitos ativo e passivo

O sujeito ativo é toda pessoa que presta serviço altamente perigoso, contrariando determinação da autoridade competente.

O sujeito passivo indireto é o consumidor passível de identificação, é o usuário do serviço. Já o sujeito passivo direto é a coletividade de consumidores.

19.3.3 Tipo objetivo

A ação típica consiste em *executar* serviço de *alto grau de periculosidade*, contrariando determinação de *autoridade competente*.

19.3.4 Tipo subjetivo

O elemento subjetivo do tipo pode ser o *dolo direto* ou o *dolo eventual*. No primeiro caso, consiste na vontade de executar serviço de alto grau de periculosidade, contrariando determinação da autoridade competente. No segundo, embora o agente preveja o resultado de sua conduta, não deseja diretamente o resultado.

19.3.5 Classificação doutrinária

Trata-se de crime comissivo, pois consiste na realização da conduta proibida pela autoridade competente. Trata-se de crime material, pois o resultado integra também o tipo penal.

O tipo descrito é norma penal em branco, na medida em que requer complementação pelas determinações das autoridades competentes.

19.3.6 Consumação e tentativa

A consumação se dá com a execução do serviço. A tentativa é possível, desde que a execução do serviço seja interrompida, como, por exemplo, com à chegada da fiscalização ou à intervenção do próprio consumidor.

19.3.7 Cumulação de penas

A pena prevista para este tipo penal será aplicada cumulativamente com as penas correspondentes à lesão corporal e à morte.

19.4 FAZER INFORMAÇÃO FALSA OU ENGANOSA OU OMITIR INFORMAÇÃO RELEVANTE

Art. 66. Fazer afirmação falsa ou enganosa, ou omitir informação relevante sobre a natureza, características, qualidade, quantidade, segurança, desempenho, durabilidade, preço ou garantia de produtos ou serviços:
Pena: Detenção de 3 (três) meses a 1 (um) ano e multa.
§ 1º Incorrerá nas mesmas penas quem patrocinar a oferta.
§ 2º Se o crime é culposo:
Penas: Detenção de1(um) a 6 (seis) meses ou multa.

19.4.1 Bem jurídico tutelado

Este crime está relacionado com o art. 31 do CDC. Os bens jurídicos tutelados são a saúde, a vida, a segurança, e a economia dos consumidores, receptores das mensagens veiculadas por meio da oferta ou da publicidade.

19.4.2 Sujeitos ativo e passivo

O sujeito ativo é o fornecedor anunciante (*caput* e § 2º) ou o patrocinador da oferta (§§ 1º e 2º).

O sujeito passivo indireto é o consumidor passível de identificação e o sujeito passivo direto é a coletividade de consumidores.

19.4.3 Tipo objetivo

A ação típica consiste em *fazer* afirmação falsa ou enganosa ou *omitir* informação relevante. *Informação falsa* é aquela que contraria a realidade. *Informação enganosa* é aquela que induz em erro. *Informação relevante* diz respeito à natureza, às características, à qualidade, à quantidade, à segurança, ao desempenho, à durabilidade, ao preço ou à garantia de produtos ou serviços.

Incorre nas mesmas penas quem patrocinar a oferta. *Patrocinar* significa prestar auxílio, custear a oferta.

19.4.4 Tipo subjetivo

O elemento subjetivo é o *dolo*, que é representado pela vontade e a consciência de fazer afirmação falsa ou enganosa ou então omitir informação relevante sobre a natureza, características, quantidade, qualidade etc. de produtos e serviços.

19.4.5 Classificação doutrinária

Trata-se de crime comissivo-alternativo quando o sujeito ativo faz afirmação falsa ou enganosa, e crime omissivo próprio quando omite informação relevante.

Para Fonseca[123], trata-se de crime formal, em sua parte comissiva, e de mera conduta quanto ao comissivo. Ainda, ensina o referido autor, o crime previsto no art. 66 é residual no cotejo com os arts. 67, 68 e 69: *"Tudo que não contiver nestes encaixa-se naquele"*.

19.4.6 Consumação e tentativa

O crime consuma-se pela simples veiculação da mensagem publicitária.

Admite-se a tentativa somente quanto à afirmação falsa ou enganosa ou para o caso de patrocínio da oferta, uma vez que a mensagem publicitária já elaborada pode não chegar a ser veiculada por circunstâncias alheias à vontade do sujeito ativo. Para a omissão de informação relevante, a tentativa não é admitida.

19.4.7 Forma culposa

O tipo admite a forma culposa, que se relaciona com os

deveres de colocar produtos e serviços no mercado atendendo exatamente aos anseios naturais dos potenciais consumidores, ou seja, ofertá-los sem maiores cuidados para verificar se efetiva-

---

[123] FONSECA, Antonio Cezar Lima da. **Direito penal do consumidor**. 2. ed. Porto Alegre: Livraria do Advogado, 1999. p. 159.

mente as mensagens estão de acordo com suas reais especificações, levantamentos de marketing, do próprio fornecedor e instruções dos próprios técnicos quanto a riscos que apresentem [...]".
O não atendimento "caracteriza negligência inescusável, à vista do que preceituam os arts. 8º a 11 e 30 a 38 do Código de Defesa do Consumidor[124].

19.5 PUBLICIDADE ENGANOSA OU ABUSIVA

Art. 67. Fazer ou promover publicidade que sabe ou deveria saber ser enganosa ou abusiva:

Pena: Detenção de 3 (três) meses a 1 (um) ano e multa.

19.5.1 Bem jurídico tutelado

Este crime está relacionado com o art. 37 do CDC. Os bens jurídicos tutelados são a saúde, a vida, a segurança e a economia dos consumidores, receptores das mensagens enganosas ou abusivas.

19.5.2 Sujeitos ativo e passivo

O sujeito ativo é o profissional de criação e veiculação da publicidade, é o publicitário. *"Se aquele que cria a publicidade é o próprio fornecedor, o crime é o do art. 66, caput, CDC, pois faz uma afirmação não-publicitária enganosa sobre o produto ou o serviço"*[125].

O sujeito passivo indireto é o consumidor passível de identificação e o sujeito passivo direto é a coletividade de consumidores, é o público alvo da publicidade.

19.5.3 Tipo objetivo

Este art. trata exclusivamente da publicidade. A ação típica consiste em *fazer* ou *promover* publicidade enganosa (a prevista no art. 37, § 1º do CDC) ou abusiva (a prevista no art. 37, § 2º do CDC).

---

[124] FILOMENO, José Geraldo Brito. **Manual de Direitos do Consumidor**. 6. ed. São Paulo: Atlas, 2003. p. 263-264.
[125] FONSECA, Antonio Cezar Lima da. **Direito penal do consumidor**. 2. ed. Porto Alegre: Livraria do Advogado, 1999. p. 178.

19.5.4 Tipo subjetivo

O elemento subjetivo é o *dolo*, que é representado pela vontade e a consciência de fazer ou promover publicidade que sabe (*dolo genérico*) ou deveria saber (*dolo eventual*) ser enganosa ou abusiva.

Como adverte Fonseca[126], a expressão "*que sabe ou deveria saber*" gerou certa discussão quanto ao tipo subjetivo, havendo quem sustente tratar-se apenas de dolo; ou de culpa presumida; ou de dolo quando o fornecedor sabe, ou de culpa quando deveria saber enganosa ou abusiva a publicidade. Nas palavras do autor, "*os redatores da lei, nos artigos onde surge aquela expressão, pretendiam fazer um beija-flor (crimes doloso e culposo) e fizeram um morcego (somente crime doloso)*".

19.5.5 Classificação doutrinária

Trata-se de crime comissivo-alternativo, pois consiste na realização da conduta proibida: fazer ou promover publicidade que sabe ou deveria saber ser enganosa ou abusiva.

Trata-se de crime formal, uma vez que não exige resultado para que se consume.

É norma penal em branco, pois o artigo não define o que seja publicidade enganosa ou abusiva.

19.5.6 Consumação e tentativa

O crime se consuma com a exposição do consumidor à publicidade enganosa ou abusiva. A tentativa é admitida.

19.6 PUBLICIDADE TENDENCIOSA

Art. 68. Fazer ou promover publicidade que sabe ou deveria saber ser capaz de induzir o consumidor a se comportar de forma prejudicial ou perigosa a sua saúde ou segurança:
Pena: Detenção de 6 (seis) meses a 2 (dois) anos e multa.

---

[126] FONSECA, Antonio Cezar Lima da. **Direito penal do consumidor**. 2. ed. Porto Alegre: Livraria do Advogado, 1999. p. 177.

19.6.1 Bem jurídico tutelado

Este crime está relacionado com o § 2º do art. 37 do CDC. Os bens jurídicos tutelados são a vida, a saúde e a segurança do consumidor contra os riscos provocados por publicidade tendenciosa.

19.6.2 Sujeitos ativo e passivo

O sujeito ativo é o profissional que cria e veicula a publicidade, ou seja, o anunciante. Se for o fornecedor o criador dessa espécie de publicidade, o crime é o do art. 66, *caput* do CDC.

O sujeito passivo indireto é o consumidor passível de identificação e o sujeito passivo direto é a coletividade de consumidores.

19.6.3 Tipo objetivo

A ação típica consiste em *fazer* ou *promover* publicidade que sabe ou deveria saber ser capaz de induzir o consumidor a se comportar de forma prejudicial ou perigosa a sua saúde ou segurança.

19.6.4 Tipo subjetivo

O elemento subjetivo é o *dolo*, que é representado pela vontade e a consciência de fazer ou promover publicidade que sabe (*dolo genérico*) ou deveria saber (*dolo eventual*) ser capaz de induzir o consumidor a se comportar de forma prejudicial ou perigosa a sua saúde ou segurança.

Quanto à expressão *"que sabe ou deveria saber"*, valem os mesmos comentários do item 19.5.4.

19.6.5 Classificação doutrinária

Trata-se de crime comissivo-alternativo, pois consiste na realização da conduta proibida – fazer ou promover publicidade tendenciosa –, bem como de crime formal, uma vez que não exige resultado para que se consume.

19.6.6 Consumação e tentativa

A consumação ocorre com a veiculação da publicidade tendenciosa. A tentativa é possível, desde que a peça publicitária tendenciosa não seja veiculada por circunstâncias alheias à vontade do agente.

19.6.7 Cumulação de penas

"*A veiculação tendenciosa ou abusiva, independendo do resultado danoso porventura acarretado a um número indeterminado de vítimas, enseja a cumulação de penas aqui previstas com a do dano efetivamente experimentado (intoxicação, por exemplo, outra lesão corporal e até a morte)*"[127].

19.7 PUBLICIDADE SEM BASE FÁTICA, TÉCNICA OU CIENTÍFICA

Art. 69. Deixar de organizar dados fáticos, técnicos e científicos que dão base à publicidade:
Pena: Detenção de 1 (um) a 6 (seis) meses ou multa.

19.7.1 Bem jurídico tutelado

Este crime está relacionado com o parágrafo único do art. 36 do CDC. O bem jurídico tutelado é a transparência na publicidade e consequentemente o direito de informação do consumidor.

19.7.2 Sujeitos ativo e passivo

O sujeito ativo é qualquer pessoa que tenha a obrigação de organizar e guardar dados acerca da publicidade, mas "*basicamente é o próprio fornecedor de produtos e serviços, responsável maior pela mesma veiculação, em última análise*"[128].

O sujeito passivo indireto é o consumidor passível de identificação. O sujeito passivo direto é a coletividade de consumidores. "*É o consumidor alvo da publicidade, individual ou coletivamente considerado, dependendo em cada hipótese tratar-se de pleito individual*

---

[127] FILOMENO, José Geraldo Brito. **Manual de Direito do Consumidor**. 6. ed. São Paulo: Atlas, 2003. p. 267.

[128] FILOMENO, José Geraldo Brito. **Manual de Direito do Consumidor**. 6. ed. São Paulo: Atlas, , 2003, p. 269.

ou coletivo, ainda que de natureza cautelar, mas também a autoridade administrativa ou judiciária competente"[129].

19.7.3 Tipo objetivo

A ação típica consiste em *deixar* de organizar dados fáticos, técnicos e científicos que dão base à publicidade.

Os *dados fáticos* são os que se referem à realidade, como, por exemplo, ser o produto ou serviço anunciado como de melhor qualidade ou mais barato. Os *dados técnicos* são os relativos ao funcionamento do bem. Os *dados científicos* são os embasados na ciência[130].

O direito do consumidor ao acesso desses danos não é absoluto, uma vez que limitado ao segredo industrial.

19.7.4 Tipo subjetivo

O elemento subjetivo é o *dolo genérico*, que é representado pela vontade e a consciência de deixar de organizar dados da publicidade.

19.7.5 Classificação doutrinária

Trata-se de crime omissivo próprio, porque o fornecedor deixa de organizar os dados que dão base à publicidade, e de crime de mera conduta, porque não necessita da produção de um resultado para a sua consumação.

19.7.6 Consumação e tentativa

Alguns autores entendem que não é necessária a veiculação da publicidade, e outros a exigem para que haja a consumação do crime[131]. Não se admite a tentativa, por se tratar de crime omissivo próprio.

---

[129] FILOMENO, José Geraldo Brito. **Manual de Direito do Consumidor**. 6. ed. São Paulo: Atlas, 2003. p. 269.
[130] FONSECA, Antonio Cezar Lima da. **Direito penal do consumidor**. 2. ed. Porto Alegre: Livraria do Advogado, 1999. p. 193.
[131] SILVA, Jorge Alberto Quadros de Carvalho. **Código de Defesa do Consumidor Anotado**. São Paulo: Saraiva, 2001. p. 243.

19.8 TROCA DE COMPONENTES SEM AUTORIZAÇÃO

Art. 70. Empregar, na reparação de produtos, peças ou componentes de reposição usados, sem autorização do consumidor:
Pena: Detenção de 3 (três) meses a 1 (um) ano e multa.

19.8.1 Bem jurídico tutelado

Este crime está relacionado com o art. 21 do CDC. O bem jurídico tutelado é o direito à informação do consumidor.

19.8.2 Sujeitos ativo e passivo

O sujeito ativo é toda pessoa que preste serviços de reparação em produtos. O sujeito passivo indireto é qualquer consumidor que não tenha autorizado a troca de peças ou componentes na reparação de seu objeto. O sujeito passivo direto é a coletividade de consumidores.

19.8.3 Tipo objetivo

A ação típica consiste em *empregar* peças ou componentes usados, *sem a correspondente autorização do consumidor.*

A autorização, em princípio, deve ser prévia e escrita, mas nada impede que seja implícita (por exemplo, se o prestador de serviços procurado pelo consumidor só trabalhe com peças usadas) ou que seja posterior ou mesmo verbal (por exemplo, a prestada pelo consumidor no estabelecimento do prestador de serviços diante de outras pessoas)[132].

19.8.4 Tipo subjetivo

O elemento subjetivo é o *dolo de aproveitamento*, que é representado pela vontade e a consciência de empregar, na reparação de produtos, peças ou componentes de reposição usados, sem autorização do consumidor. *"O tipo não exige necessariamente a experimentação de um prejuízo efetivo, mas sua simples potencialidade, como também da situação de inexperiência do mesmo consumidor que certamente não poderá jamais aquilatar do estado das peças de reposição"*[133].

---

[132] FONSECA, Antonio Cezar Lima da. **Direito penal do consumidor**. 2. ed. Porto Alegre: Livraria do Advogado, 1999. p. 200-201.

[133] FILOMENO, José Geraldo Brito. **Manual de Direito do Consumidor**. 6. ed. São Paulo: Atlas, 2003. p. 282.

19.8.5 Classificação doutrinária

Trata-se de crime comissivo, pois consiste na realização da conduta proibida: o emprego de peças ou componentes de reposição usados sem autorização do consumidor. É crime formal para alguns e crime de mera conduta para outros.

19.8.6 Consumação e tentativa

A consumação ocorre com a realização da conduta descrita no artigo. A tentativa é admitida.

19.9 MEIOS VEXATÓRIOS PARA COBRANÇA DE DÍVIDAS

Art. 71. Utilizar na cobrança de dívidas, de ameaça, coação, constrangimento físico ou moral, afirmações falsas, incorretas ou enganosas ou de qualquer outro procedimento que exponha o consumidor, injustificadamente, a ridículo ou interfira com seu trabalho, descanso ou lazer:

Pena: Detenção de 3 (três) meses a 1 (um) ano e multa.

19.9.1 Bem jurídico tutelado

Este crime está relacionado com o art. 42 do CDC. O bem jurídico tutelado é a integridade física e moral do consumidor.

19.9.2 Sujeitos ativo e passivo

O sujeito ativo é toda pessoa que venha a utilizar-se de métodos vexatórios na cobrança de dívidas; é o cobrador que pode ser o próprio fornecedor ou pessoa por ele contratada.

O sujeito passivo indireto é qualquer consumidor em débito que se veja exposto a métodos de cobrança vexatórios. O sujeito passivo direto é a coletividade de consumidores.

19.9.3 Tipo objetivo

A ação típica consiste na *utilização* de ameaça, de coação, de constrangimento físico ou moral, de afirmação falsa, incorreta ou enganosa ou outro procedimento que exponha o consumidor, *injustificadamente*, a ridículo ou interfira com seu trabalho, descanso ou lazer.

O advérbio *injustificadamente* tem o objetivo de resguardar o exercício regular do direito de cobrar, "*guardadas as limitações, por certo, elencadas pelo próprio tipo, que exige sejam punidos os exageros ou abusos que ultrapassam os limites do referido exercício regular de direito*"[134].

19.9.4 Tipo subjetivo

O elemento subjetivo é o *dolo genérico* que é representado pela vontade e a consciência de utilizar, na cobrança de dívidas, de qualquer procedimento que exponha o consumidor, injustificadamente, a ridículo ou interfira com seu trabalho, descanso ou lazer.

19.9.5 Classificação doutrinária

Trata-se de crime comissivo, pois consiste na realização de conduta proibida, e de crime de mera conduta, porque não necessita da produção de um resultado para a sua consumação.

19.9.6 Consumação e tentativa

Para a consumação, basta a realização da conduta prevista no artigo. A tentativa é admissível para alguns doutrinadores, e inadmissível para outros.

19.10 IMPEDIMENTO DE ACESSO A BANCO DE DADOS

> *Art. 72. Impedir ou dificultar o acesso do consumidor às informações que sobre ele constem em cadastros, banco de dados, fichas e registros:*
> *Pena: Detenção de 6 (seis) meses a 1 (um) ano e multa.*

19.10.1 Bem jurídico tutelado

Este crime está relacionado com o art. 43 do CDC, §§ 1º e 2º. O bem jurídico tutelado é o direito à informação do consumidor.

---

[134] FILOMENO, José Geraldo Brito. **Manual de Direito do Consumidor**. 6. ed. São Paulo: Atlas, 2003. p. 284.

19.10.2 Sujeitos ativo e passivo

O sujeito ativo é o responsável pela manutenção dos dados.

Responde penalmente o dirigente da empresa responsável pela orientação de que resultou a obstaculização ou dificuldade de exercício do direito pelo consumidor. Não há, portanto, responsabilidade penal do empresário se ficar demonstrada a iniciativa de dirigente, ou de chefia intermediária da estrutura administrativa da empresa, como fator determinante da negativa de acesso aos bancos de dados ou cadastros da empresa[135].

Sujeito passivo indireto é qualquer consumidor que pretenda ter acesso às informações que dele constem em cadastros, banco de dados, fichas e registros. Sujeito passivo direto é a coletividade de consumidores.

19.10.3 Tipo objetivo

A ação típica consiste em *impedir* ou *dificultar* o acesso do consumidor às informações que sobre ele constem em cadastros, bancos de dados, fichas e registros.

19.10.4 Tipo subjetivo

O elemento subjetivo é o *dolo genérico*, que é representado pela vontade e a consciência de praticar a conduta descrita no tipo penal.

19.10.5 Classificação doutrinária

Trata-se de crime comissivo, pois consiste na realização da conduta proibida, e de crime de mera conduta, porque não necessita da produção de um resultado para a sua consumação.

19.10.6 Consumação e tentativa

Consuma-se o crime com a realização da conduta descrita no tipo. A tentativa é inadmissível, já que "*a remoção ou inexistência de*

---

[135] COELHO, Fábio Ulhoa. **Curso de Direito Comercial**. 7. ed. São Paulo: Saraiva, 2003. v. 3, p. 205.

*ato impeditivo ou de molde a dificultar o acesso do interessado aos SPC, por exemplo, descaracteriza a conduta, contentando-se o **typus**, no entretanto, com a simples constatação do ato impeditivo ou então de obstáculos de forma a dificultar o acesso*"[136].

19.11 OMISSÃO NA CORREÇÃO DE DADOS INCORRETOS

Art. 73. *Deixar de corrigir imediatamente informação sobre consumidor constante de cadastro, banco de dados, fichas ou registros que sabe ou deveria saber inexata:*
Pena: Detenção de 1 (um) a 6 (seis) meses ou multa.

19.11.1 Bem jurídico tutelado

Este crime está relacionado com o art. 43 do CDC, §§ 3º, 4º e 5º. Os bens jurídicos tutelados são a dignidade e o crédito do consumidor.

19.11.2 Sujeitos ativo e passivo

Sujeito ativo é o responsável pela manutenção dos dados.

Sujeito passivo indireto é o consumidor que não tenha seus dados imediatamente corrigidos. Sujeito passivo direto é a coletividade de consumidores.

19.11.3 Tipo objetivo

A ação típica consiste na ação de *deixar* de corrigir *imediatamente* informação sobre o consumidor que se sabe ou deveria saber inexata.

José Geraldo Brito Filomeno[137], Jorge Alberto Quadros de Carvalho Silva[138] e Antonio Cezar Lima da Fonseca[139] entendem que

---

[136] FILOMENO, José Geraldo Brito. **Manual de Direitos do Consumidor**. 6. ed. São Paulo: Atlas, 2003. p. 290.
[137] *Idem*, p. 291.
[138] SILVA, Jorge Alberto Quadros de Carvalho. **Código de Defesa do Consumidor Anotado**. São Paulo: Saraiva, 2001. p. 250.
[139] FONSECA, Antonio Cezar Lima da. **Direito penal do consumidor**. 2. ed. Porto Alegre: Livraria do Advogado, 1999. p. 225.

imediata será a correção das informações efetuadas no prazo de *cinco dias úteis*.

19.11.4 Tipo subjetivo

O elemento subjetivo é o *dolo*, que é representado pela vontade e a consciência de deixar de corrigir imediatamente informação que sabe (*dolo genérico*) ou deveria saber (*dolo eventual*) inexata.

Quanto à expressão "que sabe ou deveria saber", valem os mesmos comentários do item 19.5.4.

19.11.5 Classificação doutrinária

Trata-se de crime omissivo próprio, porque o fornecedor deixa de corrigir imediatamente informação sobre consumidor que sabe ou deveria saber inexata. É também crime de mera conduta, porque não necessita da produção de um resultado para a sua consumação.

19.11.6 Consumação e tentativa

O crime se consuma pela simples constatação de que o dado não foi imediatamente corrigido. Não se admite a tentativa.

19.12 OMISSÃO NA ENTREGA DE TERMOS DE GARANTIA

> *Art. 74. Deixar de entregar ao consumidor o termo de garantia adequadamente preenchido e com especificação clara de seu conteúdo:*
> *Pena: Detenção de 1 (um) a 6 (seis) meses ou multa.*

19.12.1 Bem jurídico tutelado

Este crime está relacionado com o art. 50 do CDC. O bem jurídico tutelado é o direito de entrega do certificado de garantia ao consumidor.

19.12.2 Sujeitos ativo e passivo

O sujeito ativo é o fornecedor-prestador de serviços que oferece a garantia contratual, "*podendo ainda haver concurso de agentes por parte do comerciante do produto que aquiesce à atitude de seu fornecedor, entregando ao consumidor termo de garantia lacunoso*"[140].

Sujeito passivo indireto é o consumidor que não recebe a garantia contratual ou a recebe sem estar adequadamente preenchida e com especificação clara de seu conteúdo. Sujeito passivo direto é a coletividade de consumidores.

19.12.3 Tipo objetivo

A ação típica consiste em *deixar* de entregar ao consumidor termo de garantia adequadamente preenchido e com especificação clara de seu conteúdo. O conteúdo do termo de garantia é o previsto no parágrafo único do art. 50.

19.12.4 Tipo subjetivo

O elemento subjetivo é o *dolo genérico*, que é representado pela vontade e a consciência de infringir o dever de entrega da garantia.

19.12.5 Classificação doutrinária

Trata-se de crime omissivo próprio porque o fornecedor deixa de entregar a garantia contratual adequadamente preenchida e com especificação clara de seu conteúdo ao consumidor. É também crime de mera conduta, porque não necessita da produção de um resultado para a sua consumação.

19.12.6 Consumação e tentativa

O crime se consuma com a realização da conduta descrita no tipo. Basta a omissão do fornecedor em entregar o termo de garantia,

---

[140] FILOMENO, José Geraldo Brito. **Manual de Direitos do Consumidor**. 6. ed. São Paulo: Atlas, 2003. p. 294.

ou entregá-lo sem preenchimento adequado ou, ainda, entregá-lo, sem especificação clara de seu conteúdo. Não se admite a tentativa.

DOS CRIMES PREVISTOS NO CDC
- omissão de dizeres ou sinais ostensivos;
- omissão na comunicação às autoridades competentes;
- execução de serviços perigosos;
- fazer informação falsa ou enganosa ou omitir informação relevante;
- publicidade enganosa ou abusiva;
- publicidade tendenciosa;
- publicidade sem base fática, técnica ou científica;
- troca de componentes sem autorização;
- meios vexatórios para cobrança de dívidas;
- impedimento de acesso a banco de dados;
- omissão na correção de dados incorretos;
- omissão na entrega de termos de garantia.

20

A DEFESA DO CONSUMIDOR EM JUÍZO

20.1 TUTELA INDIVIDUAL DO CONSUMIDOR

A tutela individual é a exercida pelo consumidor ou vítima para defesa de direito próprio, após esgotadas as opções previstas pelo Código para solução amigável do conflito com o fornecedor ou por meio de reclamação aos órgãos de defesa do consumidor.

20.2 TUTELA COLETIVA DO CONSUMIDOR

A tutela coletiva do consumidor será exercida quando se tratar de interesses ou direitos[141] difusos, coletivos ou homogêneos.

Por *interesses ou direitos difusos*, entende-se os transindividuais de natureza indivisível, de que sejam titulares pessoas indeterminadas e ligadas por circunstâncias de fato.

Por *interesses ou direitos coletivos*, entende-se os transindividuais de natureza indivisível, de que seja titular grupo, categoria ou classe de pessoas ligadas entre si ou com a parte contrária por uma relação jurídica base.

---

[141] Segundo Kazuo Watanabe, *"os termos 'interesses' e 'direitos' foram usados como sinônimos, certo é que a partir do momento em que passam a ser amparados pelo direito, os 'interesses' assumem o mesmo **status** de 'direitos', desaparecendo qualquer razão prática, e mesmo teórica, para a busca de uma diferenciação ontológica entre eles"*. GRINOVER, Ada Pelegrini. ...**Código Brasileiro de Defesa do Consumidor comentado pelos autores do anteprojeto**. 5. ed. Rio de Janeiro: Forense Universitária, 1998. p. 623.

Interesses ou direitos individuais homogêneos são os que decorrem de origem comum. Não são transindividuais, não têm natureza indivisível e não é necessário uma relação jurídica básica anterior à lesão ou ameaça de lesão.

Como alerta Tania Lis Tizzoni Nogueira[142], um mesmo fato *"poderá gerar interesses e direitos difusos e individuais homogêneos, o que ensejaria a tutela tanto pela via da ação coletiva como pela via da ação individual"*. Como exemplo, cita a autora o caso mencionado por Nelson Nery Junior, o do *Bateau Mouche IV*:

> **seria individual** *se uma das vítimas ingressasse separadamente das outras em juízo requerendo a indenização dos prejuízos que sofreu;* **seria individual homogêneo** *se em favor de todas as vítimas uma entidade associativa ingressasse com ação de indenização;* **seria coletivo** *no caso de ingresso de ação de obrigação de fazer, movida por associação de empresas de turismo que têm interesse na manutenção da boa imagem desse setor da economia; e* **seria difuso** *no caso do Ministério Público ajuizar ação em favor da vida e segurança das pessoas, para que fosse interditada a embarcação a fim de evitar novos acidentes.* (grifos nossos)

O que determina, portanto, a classificação dos interesses ou direitos como difusos, coletivos ou individuais homogêneos é o tipo de tutela jurisdicional que se pretende[143].

20.3 AÇÕES

Para a defesa dos direitos e interesses protegidos pelo Código são admissíveis todas as espécies de ações capazes de propiciar sua adequada e efetiva tutela. *"Tutela adequada é aquela que se ajusta às necessidades reais do consumidor, ao passo que efetiva é aquela que produz resultados"*[144].

---

[142] NOGUEIRA, Tania Lis Tizzoni Nogueira. **A prova no direito do consumidor.** Curitiba: Juruá, 1999. p. 130.
[143] NOGUEIRA, Tania Lis Tizzoni Nogueira. **A prova no direito do consumidor.** Curitiba: Juruá, 1999. p. 131.
[144] SILVA, Jorge Alberto Quadros de Carvalho. **Código de Defesa do Consumidor Anotado.** São Paulo: Saraiva, 2001. p. 281.

São legitimados concorrentemente para o exercício da ação coletiva:

- o Ministério Público;
- a União, os Estados, os Municípios e o Distrito Federal;
- as entidades e os órgãos da administração pública, direta ou indireta, ainda que sem personalidade jurídica, especificamente destinados à defesa dos interesses e direitos do consumidor;
- as associações legalmente constituídas há pelo menos um ano e que incluam entre seus fins institucionais a defesa dos interesses e direitos do consumidor, dispensada a autorização da assembléia.

20.3.1 Execução específica

A execução específica é a regra para as relações de consumo[145]. Nesse sentido, determina o art. 84 do CDC que *"na ação que tenha por objeto o cumprimento da obrigação de fazer ou não fazer, o juiz concederá a tutela específica da obrigação ou determinará providências que assegurem o resultado prático equivalente ao do adimplemento"*.

20.3.1.1 Conversão da obrigação em perdas e danos

A conversão da obrigação em perdas e danos é admitida em duas hipóteses: se por elas optar o autor ou se impossível a tutela específica ou a obtenção do resultado prático correspondente.

20.3.1.2 Concessão de tutela

Atendidos os requisitos do *fumus boni juris* e do *periculum in mora*, é lícito ao juiz conceder a antecipação da tutela liminarmente ou após justificação prévia, citado o réu.

20.3.1.3 Multa

Dispõe o art. 287 do CPC que

---

[145] SILVA, Jorge Alberto Quadros de Carvalho. **Código de Defesa do Consumidor Anotado**. São Paulo: Saraiva, 2001. p. 284.

*se o autor pedir que seja imposta ao réu a abstenção da prática de algum ato, tolerar alguma atividade, prestar ato ou entregar coisa, **poderá requerer** cominação de pena pecuniária para o caso de descumprimento da sentença ou da decisão antecipatória da tutela* (CPC, arts. 461, § 4º, e 461.A)

No âmbito das relações de consumo, o juiz pode, no momento da concessão da tutela ou na sentença, impor multa diária ao réu, *independentemente de pedido do autor*, se for suficiente ou compatível com a obrigação, fixado prazo razoável para o cumprimento do preceito (CDC, art. 84, § 4º).

A indenização por perdas e danos, neste caso, se fará sem prejuízo da multa (CDC, art. 84, § 2º).

20.3.1.4 Medidas necessárias

De acordo com o § 5º, do art. 84, do CDC,

*para a tutela específica ou para a obtenção do resultado prático equivalente, poderá o juiz determinar as **medidas necessárias**, **tais como** busca e apreensão, remoção de coisas e pessoas, desfazimento de obra, impedimento de atividade nociva, além de requisição de força policial.*

Trata-se de rol meramente exemplificativo, conforme se vê da locução "**tais como**", podendo ser determinadas outras medidas que não as indicadas no referido parágrafo, mas desde que necessárias para a tutela específica ou para a obtenção do resultado prático equivalente.

20.3.1.5 Sucumbência

Nas ações coletivas, "***não** haverá adiantamento de custas, emolumentos, honorários periciais e quaisquer outras despesas, nem condenação da associação autora, **salvo** comprovada má-fé, em honorários de advogados, custas e despesas processuais*" (CDC, art. 87).

O objetivo é impedir que as associações deixem de promover ações coletivas por falta de recursos para arcar com as despesas processuais, havendo improcedência das ações, sem, todavia, deixar de lado os casos de litigância de má-fé em que se ressalva que a associação autora e os diretores responsáveis pela propositura da ação serão **solidariamente** condenados em honorários advocatícios e ao décuplo das custas, sem prejuízo da responsabilidade por perdas e danos.

O dispositivo visa ao cumprimento da regra do art. 6º, inc. VIII, do CDC, que prevê o direito do consumidor à facilitação da defesa dos seus direitos.

20.3.2 Ações coletivas para a defesa de interesses individuais homogêneos

O Ministério Público, a União, os Estados, os Municípios, o Distrito Federal, as entidades e os órgãos da administração pública e as associações de consumidores têm *legitimação extraordinária* para propor, em nome próprio e no interesse das vítimas ou seus sucessores, a ação civil coletiva de responsabilidade pelo danos individualmente sofridos.

O requisito da pré-constituição das associações pode ser dispensado pelo juiz, quando haja manifesto interesse social evidenciado pela dimensão ou características do dano, ou pela relevância do bem jurídico a ser protegido (CDC, art. 82, § 1º).

O Ministério Público só atuará se a causa envolver interesse social ou individual indisponível e, quando não ajuizar a ação, atuará como fiscal da lei (CDC, art. 92).

20.3.2.1 Competência

O art. 93 do CDC, embora inserido no capítulo atinente às ações coletivas em defesa dos interesses individuais homogêneos, aplica-se a todo e qualquer processo coletivo, estendendo-se às ações em defesa de interesses difusos e coletivos.

Ressalvada a competência da Justiça Federal nas causas em que a União, entidade autárquica ou empresa pública federal forem interessadas na condição de autoras, rés, assistentes ou oponentes (CF, art. 109), é competente para a causa a justiça local no foro do lugar onde ocorreu ou deva ocorrer o dano, quando de âmbito local, e no foro da Capital do Estado ou no do Distrito Federal, para os danos de âmbito nacional ou regional, aplicando-se as regras do CPC aos casos de competência concorrente.

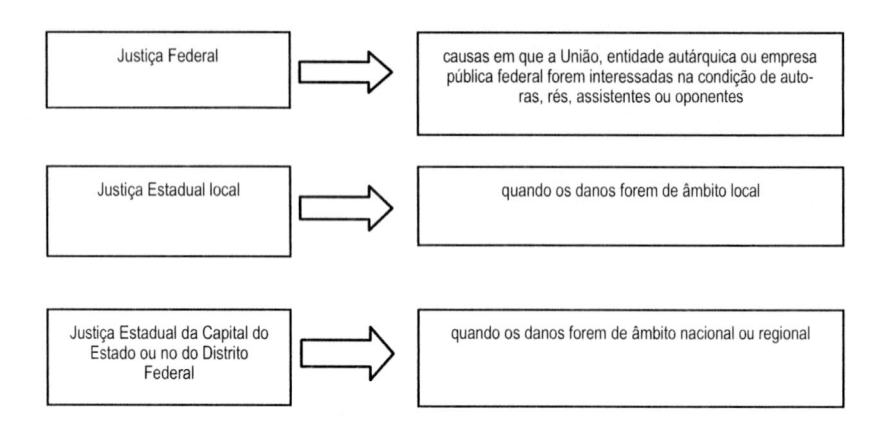

Justiça Federal	⇒	causas em que a União, entidade autárquica ou empresa pública federal forem interessadas na condição de autoras, rés, assistentes ou oponentes
Justiça Estadual local	⇒	quando os danos forem de âmbito local
Justiça Estadual da Capital do Estado ou no do Distrito Federal	⇒	quando os danos forem de âmbito nacional ou regional

20.3.2.2 Edital

Proposta a ação, deve ser publicado edital no órgão oficial, ou seja, no Diário Oficial, para que os interessados possam intervir no processo como litisconsortes, nos termos dos arts. 16 a 49 do CPC, sem prejuízo de ampla divulgação pelo meios de comunicação social por parte dos órgãos de defesa do consumidor.

Conforme ressalta Jorge Alberto Quadros de Carvalho Silva[146],

> *intervindo o interessado como litisconsorte, eventual sentença de improcedência fará coisa julgada contra si, não podendo ajuizar outra ação. Todavia, desde que não tenha intervindo na demanda coletiva, poderá o interessado mover uma ação coletiva em nome próprio, haja vista não ter sido atingido pelos efeitos da coisa julgada.*

20.3.2.3 Condenação genérica

Se a ação coletiva para a defesa de interesses individuais homogêneos for julgada procedente, a condenação será genérica, fixando a responsabilidade do réu pelos danos causados. Isto porque, num primeiro momento, se verifica a possibilidade de ocorrência de dano, para depois, na fase de execução da sentença, apurar-se sua extensão e suas consequências.

---

[146] SILVA, Jorge Alberto Quadros de Carvalho. **Código de Defesa do Consumidor Anotado**. São Paulo: Saraiva, 2002. p. 298.

20.3.2.4 Liquidação e execução da sentença

São legitimados para a liquidação e a execução da sentença a vítima e seus sucessores (*legitimação ordinária*), assim como os legitimados de que trata o art. 82 do CDC por meio da representação, sendo, nesse caso, coletiva a execução, por abranger vítimas cujas indenizações já foram fixadas em sentença de liquidação, sem prejuízo do ajuizamento de outras execuções.

A execução coletiva será feita com base em certidão das sentenças de liquidação, da qual deverá constar a ocorrência ou não do trânsito em julgado.

É competente para a execução o juízo da liquidação da sentença ou da ação condenatória, no caso de execução individual e no caso de ação condenatória, quando coletiva a execução.

20.3.2.5 Preferência no pagamento de créditos

Em caso de concurso de créditos, decorrentes de condenação prevista na Lei 7.347/85 e de indenizações pelos prejuízos individuais resultantes do mesmo evento danoso, estas terão preferência no pagamento.

Sendo a execução coletiva, o produto da indenização reverterá ao Fundo de Defesa dos Direitos Difusos, criado pelo art. 13, da Lei 7.347/85, ficando sustada, enquanto pendentes de decisão de segundo grau, as ações de indenização pelos danos individuais, ressalvada a hipótese do patrimônio do réu ser manifestamente suficiente para responder pela integralidade da dívida.

20.3.2.6 Prazo para habilitação dos interessados

Decorrido o prazo de 1 (um) ano sem habilitação de interessados em número compatível com a gravidade do dano, poderão os legitimados do art. 82 do CDC promover a liquidação e execução da indenização devida, cuja verba será destinada ao Fundo de Defesa dos Direitos Difusos.

20.3.3 Ações de responsabilidade do fornecedor

A ação de responsabilidade civil do fornecedor de produtos e serviços *pode* ser proposta no domicílio do autor, em consonância com o direito básico de facilitação da defesa de seus direitos (CDC, art. 6º, inc. VIII).

O réu que houver contratado seguro de responsabilidade *pode* chamar ao processo o segurador, vedada a integração do contraditório pelo Instituto de Resseguros do Brasil.

Nessa hipótese, a sentença que julgar procedente a ação condenará o réu nos termos do art. 80 do CPC, valendo como título executivo em favor do que satisfizer a dívida por inteiro, do devedor principal, ou a cota de cada um dos codevedores na proporção que lhes couber.

Se o réu houver sido declarado falido, o síndico será intimado a informar a existência de seguro de responsabilidade, facultando-se, em caso afirmativo, o ajuizamento de ação de indenização diretamente contra o segurador, também vedada a denunciação da lide ao Instituto de Resseguros do Brasil e dispensado o litisconsórcio obrigatório com este.

Os legitimados do art. 82 do CDC podem propor ação visando compelir o Poder Público a proibir, em todo o território nacional, a produção, divulgação, distribuição ou venda, ou a determinar alteração na composição, estrutura, fórmula ou acondicionamento de produto, cujo uso ou consumo regular se revele nocivo ou perigoso à saúde pública e à incolumidade pessoal.

20.3.4 Coisa julgada

Nos termos do CPC, art. 467, determina-se *coisa julgada material* "*a eficácia, que torna imutável e indiscutível a sentença, não mais sujeita a recurso ordinário ou extraordinário*". Destarte, não será mais admitida discussão no processo em que se operou a coisa julgada ou em qualquer outro em que a matéria venha a ser novamente arguida.

Como o Código limitou-se a definir a coisa julgada material, é a doutrina que define a *coisa julgada formal*, como a imutabilidade da sentença dentro do processo em que foi proferida, isto é, sem impedir que a matéria objeto do julgamento volte a ser discutida em outro processo. É o caso, por exemplo, de o pedido ser julgado improcedente por insuficiência de provas, em que poderá ser intentada nova ação desde que haja provas novas.

Os *limites objetivos* da coisa julgada estão estabelecidos no art. 468 do CPC, que dispõe que "*a sentença que julgar total ou parcialmente a lide tem força de lei nos limites da lide e das questões decididas*".

Já os *limites subjetivos* estão previstos no art. 472, que dispõe que "*a sentença faz coisa julgada às partes entre as quais é dada, não beneficiando nem prejudicando terceiros*".

Nas ações coletivas, porém, como ressalta Humberto Theodoro Júnior[147], "*criou-se um novo regime de eficácia subjetiva da coisa julgada, que, diversamente do que se passa nas ações individuais do CPC, não se limita às partes do processo em que a sentença é dada*".

Assim, quando se tratar de *interesses ou direitos difusos*, a sentença fará coisa julgada *erga omnes*, contra todos, exceto se o pedido for julgado improcedente por insuficiência de provas, hipótese em que qualquer legitimado poderá intentar outra ação, com idêntico fundamento, valendo-se de nova prova.

Os efeitos da coisa julgada não prejudicarão interesses e direitos individuais dos integrantes da coletividade, do grupo, categoria ou classe.

Quando se tratar de *interesses ou direitos coletivos*, a sentença fará coisa julgada *ultra partes*, ou seja, além das partes, mas limitadamente ao grupo, categoria ou classe, valendo também a ressalva de que, no caso de improcedência por insuficiência de provas, o legitimado poderá intentar outra ação, com idêntico fundamento, desde que com base em nova prova.

Também os efeitos da coisa julgada não prejudicarão interesses e direitos individuais dos integrantes da coletividade, do grupo, categoria ou classe.

Quando se tratar de *interesses ou direitos individuais homogêneos*, a sentença fará coisa julgada *erga omnes, apenas no caso de procedência do pedido*, para beneficiar todas as vítimas e seus sucessores.

Em caso de improcedência do pedido, os interessados que não tiverem intervindo no processo como litisconsortes poderão propor ação de indenização a título individual.

---

[147] THEODORO JÚNIOR, Humberto. **Curso de Direito Processual Civil**. 28. ed. Rio de Janeiro: Forense, 1999. v. I, p. 543.

```
┌─────────────────┐ ────→ ┌──────────────────────────────────┐
│ Interesses ou   │       │ A sentença fará coisa julgada    │
│ direitos        │       │ erga omnes.                      │
│ difusos         │       └──────────────────────────────────┘
└─────────────────┘ ────→ ┌──────────────────────────────────┐
                          │ Exceção: pedido julgado          │
                          │ improcedente por insuficiência   │
                          │ de provas.                       │
                          └──────────────────────────────────┘

┌─────────────────┐ ────→ ┌──────────────────────────────────┐
│ Interesses ou   │       │ A sentença fará coisa julgada    │
│ direitos        │       │ erga omnes.                      │
│ coletivos       │       └──────────────────────────────────┘
└─────────────────┘ ────→ ┌──────────────────────────────────┐
                          │ Exceção: pedido julgado          │
                          │ improcedente por insuficiência   │
                          │ de provas.                       │
                          └──────────────────────────────────┘

┌─────────────────┐ ────→ ┌──────────────────────────────────┐
│ Interesses ou   │       │ Em caso de procedência do pedido,│
│ direitos        │       │ a sentença fará coisa julgada    │
│ homogêneos      │       │ erga omnes.                      │
└─────────────────┘       └──────────────────────────────────┘
                    ────→ ┌──────────────────────────────────┐
                          │ Em caso de improcedência, os     │
                          │ interessados que não tiverem     │
                          │ intervindo no processo como      │
                          │ litisconsortes poderão propor    │
                          │ ação de indenização a título     │
                          │ individual.                      │
                          └──────────────────────────────────┘
```

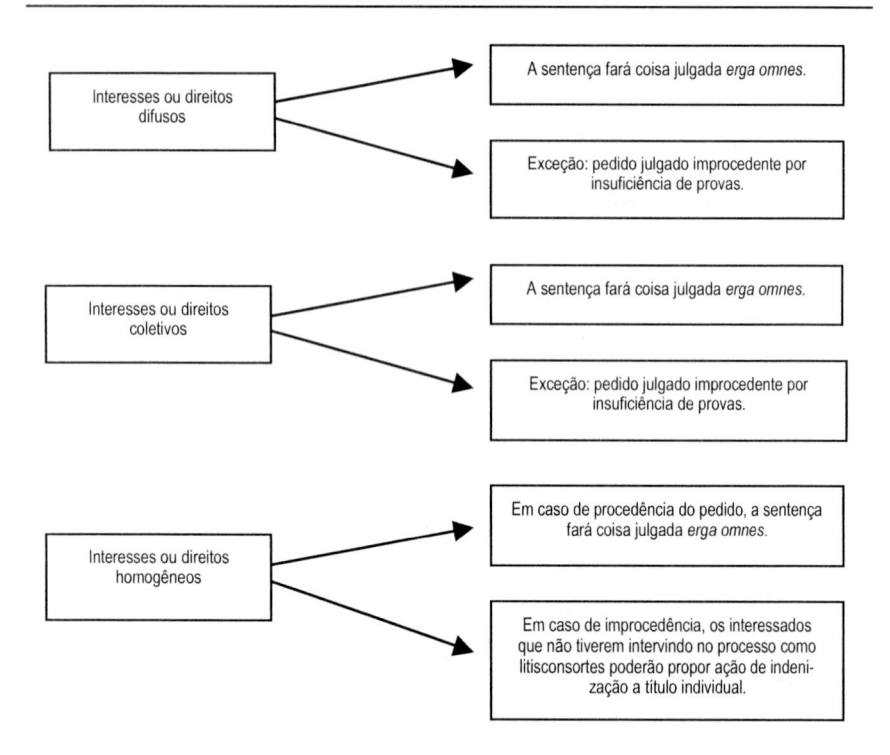

20.3.4.1 Extensão subjetiva dos efeitos da coisa julgada na ação civil pública

Na *ação civil pública*, compreendendo interesses ou direitos difusos e coletivos e julgada procedente, os efeitos da coisa julgada beneficiarão as vítimas e seus sucessores, que poderão proceder à liquidação e à execução, nos termos dos arts. 96 a 99 do CDC.

Se a ação for julgada improcedente, não haverá prejuízo às ações de indenização propostas individualmente por danos pessoalmente sofridos.

O mesmo vale para a sentença penal condenatória.

20.3.5 Litispendência e suspensão do processo

Dispõe o art. 104 do CDC que as ações coletivas que envolvam interesses ou direitos difusos e coletivos não induzem litispendência para as ações individuais, porém os efeitos da coisa julgada *erga omnes* ou *ultra partes* a que aludem os inc. II e III do art. 103 do CDC, não beneficiarão os autores das ações individuais, se não for requerida sua suspensão no prazo de trinta dias, a contar da ciência nos autos do ajuizamento da ação coletiva.

O mencionado artigo contém erro de remissão do art. 104, porque não menciona o inc. I do art. 103 na expressão *"mas os efeitos da coisa julgada erga omnes ou ultra partes a que aludem os incs. II e III do art. anterior"* e também

> *não fez referência ao inc. III, do parágrafo único do art. 81, em sua primeira parte relativa à litispendência, dando a entender que as ações coletivas, para defesa dos interesses individuais homogêneos, por continência (art. 104 do CPC), devem reunir as ações individuais (art. 105 do CPC), para um julgamento conjunto, ou tornar a questão prejudicial, de modo a suspender o andamento das individuais até a solução daquelas (CPC, art. 265, inc. IV, alínea a) – tudo para evitar decisões conflitantes*[148].

20.3.6 Aplicação subsidiária do CPC e da Lei 7.347/85

Aplicam-se às ações coletivas normas do CPC e da Lei 7.347/85, a chamada "lei dos interesses difusos", inclusive no que respeita ao inquérito civil, naquilo que não contrariar suas disposições.

Interesses ou direitos difusos	Interesses ou direitos coletivos	Interesses ou direitos homogêneos
São transindividuais.	São transindividuais.	Não são transindividuais.
Têm natureza indivisível.	Têm natureza indivisível.	Têm natureza divisível.
São titulares pessoas indeterminadas.	É titular grupo, categoria ou classe de pessoas.	É titular o indivíduo.
A ligação decorre de circunstâncias de fato.	Os titulares desses direitos estão ligados entre si e a parte contrária por uma relação jurídica base que deve preexistir à lesão ou ameaça de lesão.	Os direitos ou interesses decorrem de origem comum, sendo desnecessário que exista uma relação jurídica básica anterior à lesão ou ameaça de lesão.

---

[148] SILVA, Jorge Alberto Quadros de Carvalho. **Código de Defesa do Consumidor Anotado**. São Paulo: Saraiva, 2002. p. 312.

Interesses ou direitos difusos	Interesses ou direitos coletivos	Interesses ou direitos homogêneos
A sentença fará coisa julgada *erga omnes*, contra todos, exceto se o pedido for julgado improcedente por insuficiência de provas, hipótese em que qualquer legitimado poderá intentar outra ação, com idêntico fundamento, valendo-se de nova prova.	A sentença fará coisa julgada *ultra partes*, além das partes, mas limitadamente ao grupo, categoria ou classe, valendo também a ressalva de que, no caso de improcedência por insuficiência de provas, o legitimado poderá intentar outra ação, com idêntico fundamento, valendo-se de nova prova.	A sentença fará coisa julgada *erga omnes*, apenas no caso de procedência do pedido, para beneficiar todas as vítimas e seus sucessores.
Os efeitos da coisa julgada não prejudicarão interesses e direitos individuais dos integrantes da coletividade, do grupo, categoria ou classe.	Os efeitos da coisa julgada não prejudicarão interesses e direitos individuais dos integrantes da coletividade, do grupo, categoria ou classe.	Em caso de improcedência do pedido, os interessados que não tiverem intervindo no processo como litisconsortes poderão propor ação de indenização a título individual.

QUESTÕES DE CONCURSOS

Questão 57 do Concurso de ingresso na carreira do Ministério Público do Estado do Paraná, realizado em 14.04.2004.

Assinale a alternativa incorreta:

a) *as ações coletivas em defesa de interesses difusos e coletivos induzem litispendência para as ações individuais;*

b) *nas ações coletivas em defesa dos direitos dos consumidores a coisa julgada se opera **erga omnes** e **secundum eventum litis**;*

c) *os Municípios têm legitimidade concorrente para a propositura de ação coletiva em defesa dos direitos dos consumidores;*

d) *patrocinar os direitos e interesses dos consumidores é também função institucional da Defensoria Pública;*

e) *a liquidação e a execução da sentença proferida em ação coletiva poderão ser promovidas individual ou coletivamente.*

Comentários à questão:

A resposta incorreta é a letra a, uma vez que as ações coletivas, conforme o dispõe o art. 104, do CDC, que envolvam interesses ou direitos difusos e coletivos, não induzem litispendência para as ações individuais. As demais assertivas estão corretas. Sobre os efeitos da coisa julgada, ver art. 103 do CDC; sobre a legitimidade concorrente para a propositura de ação coletiva em defesa dos direitos dos consumidores, ver art. 82, do CDC; sobre a Defensoria Pública, ver art. 5º, do CDC e art. 134 da CF; e, finalmente, sobre liquidação e execução de sentença ver arts. 97 e 98 do CDC.

Questão 68 Concurso para provimento do cargo de Juiz Substituto do TJ/SC, realizado em 2004.

Em relação às ações coletivas previstas no Código do Consumidor, analise as assertivas abaixo e assinale a alternativa que contém a resposta correta:

I. *Fazem coisa julgada **erga omnes** se o pedido for julgado procedente quanto a questões que envolvam interesses ou direitos difusos.*

II. *Qualquer órgão da administração pública, mesmo que não dotado de personalidade jurídica, desde que tenha entre seus objetivos a defesa de interesses e direitos dos consumidores, possui legitimidade para propô-las.*

III. *Nas ações coletivas para defesa de interesses e direitos coletivos, havendo procedência do pedido, a condenação será genérica, fixando a responsabilidade do réu pelos danos causados.*

IV. *As ações coletivas propostas para defesa de interesses e direito coletivos não induzem litispendência para as ações individuais, mas os efeitos da coisa julgada **erga omnes** somente beneficiarão os consumidores lesados se intentarem sua ação no prazo de 30 dias do trânsito em julgado da ação coletiva.*

a) *I e II estão corretas.*

b) *III e IV estão corretas.*

c) *II e III estão corretas.*

d) *Todas estão incorretas.*

Comentários à questão:

A resposta correta é a letra a, uma vez que as hipóteses I e II estão de acordo, respectivamente, com os arts. 103, inc. I, e 82, inc. III, do CDC.

A hipótese III não está correta porque se refere às ações coletivas para a defesa de interesses e direitos coletivos, quando deveria referir-se às ações coletivas para a defesa de interesses individuais homogêneos. Já a alternativa IV não está correta porque os efeitos da coisa julgada *"erga omnes"* somente beneficiarão os autores das ações individuais, se for requerida a suspensão desta, no prazo de trinta dias, a contar da ciência do ajuizamento da ação coletiva (CDC, art. 104).

Questão 23 do exame 2008/3 da OAB, realizado pela Cespe/Unb:

No tocante às relações de consumo, é correto afirmar que:

a) *a reparação de dano moral coletivo está previsto no Código de Defesa do Consumidor.*

b) *a interpretação das cláusulas contratuais deve ocorrer de forma a não favorecer nem prejudicar o consumidor.*

c) *a pessoa jurídica não sofre dano moral indenizável.*

d) *é isento de responsabilidade o fornecedor que não tenha conhecimento dos vícios de qualidade por inadequação de produtos e serviços de consumo.*

Comentários à questão:

A alternativa correta é a letra a, uma vez que o inc. VI, do art. 6º do CDC assegura, além prevenção, a reparação de danos patrimoniais e morais, individuais, coletivos e difusos. A alternativa **b** está incorreta porque as cláusulas contratuais serão sempre interpretadas de maneira mais favorável ao consumidor. A alternativa **c** está incorreta, pois a pessoa jurídica tem assegurada a proteção aos direitos de personalidade e, portanto, pode ser indenizada por dano moral. A alternativa **d** não está correta tendo em vista a previsão do art. 23 do CDC de que *"A ignorância do fornecedor sobre os vícios de qualidade por inadequação dos produtos e serviços não o exime de responsabilidade"*.

O SISTEMA NACIONAL DE DEFESA DO CONSUMIDOR – SNDC

21.1 ÓRGÃOS INTEGRANTES DO SNDC

Integram o Sistema Nacional de Defesa do Consumidor – SNDC – os órgãos federais, estaduais, do Distrito Federal e municipais e as entidades privadas de defesa do consumidor.

O responsável pela coordenação da política do Sistema Nacional de Defesa do Consumidor é o Departamento Nacional de Defesa do Consumidor – DNDF, da Secretaria Nacional de Direito Econômico, vinculada ao Ministério da Justiça.

Há possibilidade de sua substituição por outro órgão federal, conforme expressa previsão do art. 106, do CDC.

O SNDC foi organizado pelo Decreto Federal 2.181/97.

21.1.2 Atribuições do DNDF

São atribuições do DNDF, entre outras, as estabelecidas no art. 106 do CDC e no Decreto Federal 2.181/97:

a) Planejar, elaborar, propor, coordenar e executar a política nacional de proteção ao consumidor.

b) Receber, analisar, avaliar e encaminhar consultas, denúncias ou sugestões apresentadas por entidades representativas ou pessoas jurídicas de direito público ou privado. Na redação do art. 3º, inc. II, do Decreto Federal 2.181/97, acrescentou-se a expressão *"ou por consumidores individuais"*.

c) Prestar aos consumidores orientação permanente sobre seus direitos e garantias.

d) Informar, conscientizar e motivar o consumidor através dos diferentes meios de comunicação.

e) Solicitar à polícia judiciária a instauração de inquérito policial para a apreciação de delito contra os consumidores, nos termos da legislação vigente.

f) Representar ao Ministério Público competente para fins de adoção de medidas processuais no âmbito de suas atribuições. O inc. VI, do art. 3º do Decreto Federal 2.181/97 especifica o âmbito de atribuição do Ministério Público: penal e cível.

g) Levar ao conhecimento dos órgãos competentes as infrações de ordem administrativa que violarem os interesses difusos, coletivos, ou individuais dos consumidores.

h) Solicitar o concurso de órgãos e entidades da União, Estados, do Distrito Federal e Municípios, bem como *auxiliar* a fiscalização de preços, abastecimento, quantidade e segurança de bens e serviços.

i) Incentivar, inclusive com recursos financeiros e outros programas especiais, a formação de entidades de defesa do consumidor pela população e pelos órgãos públicos estaduais e municipais. O inc. IX do art. 3º do Decreto Federal 2.181/97 fala em criação de órgãos públicos estaduais e municipais de defesa do consumidor e a formação, pelos cidadãos, de entidades com esse mesmo objetivo.

j) Desenvolver outras atividades compatíveis com suas finalidades.

l) Solicitar o concurso de órgãos e entidades de notória especialização técnico-científica para a consecução de seus objetivos.

m) Fiscalizar e aplicar as sanções administrativas previstas na Lei 8.078/90 e em outras normas pertinentes à defesa do consumidor (Decreto Federal 2.181/97, inc. X).

n) Provocar a Secretaria de Direito Econômico para celebrar convênios e termos de ajustamento de conduta, na forma do § 6º do art. 5º da Lei 7.347/85 (Decreto Federal 2.181/97, art. 3º, inc. XII).

o) Elaborar e divulgar cadastro nacional de reclamações fundamentadas contra fornecedores de produtos e serviços (Decreto Federal 2.181/97, art. 3º, inc. XIII).

21.2 A CONVENÇÃO COLETIVA DE CONSUMO

Por convenção coletiva, deve-se entender o acordo, escrito, de caráter normativo, celebrado entre as entidades civis dos consumidores e as associações de fornecedores ou sindicatos de categoria econômica, para regular relações de consumo que tenham por objeto estabelecer condições relativas ao preço, à qualidade, à quantidade, à garantia e características de produtos e serviços, bem como à reclamação e composição de conflito de consumo.

A partir do registro do instrumento no cartório de título e documentos, a convenção se torna obrigatória, mas apenas para os filiados às entidades signatárias, não se eximindo de cumpri-la o fornecedor que se desligar da entidade em data posterior ao registro do instrumento.

22

TEMAS ATUAIS

22.1 CONSUMO SUSTENTÁVEL

Nos termos do art. 225 da CF,

> *todos têm direito ao meio ambiente ecologicamente equilibrado, bem de uso comum do povo e essencial à sadia qualidade de vida, impondo-se ao Poder Público e à coletividade o dever de defendê-lo e preservá-lo para as presentes e futuras gerações.*

Entre outros assuntos, o referido artigo trata do *desenvolvimento sustentável*, ao mencionar que a preservação do meio ambiente deve ter como fim as presentes e futuras gerações, sendo de responsabilidade não só do Poder Público, mas também da coletividade, aí incluídos os consumidores, na medida em que os recursos naturais são utilizados como matéria-prima no fornecimento de produtos e serviços.

Há tempos o homem adquiriu a consciência de que os recursos naturais não são inesgotáveis como se pensava outrora, de forma que é necessário estabelecer a razoabilidade da sua utilização, devendo-se, quando não necessária ou razoável, negar-se o uso, mesmo que os bens não sejam atualmente escassos[149].

Urge adotar, como sugere José Geraldo Brito Filomeno[150], "*a política dos três erres*": "*a **redução** do consumo, pura e simplesmente,*

---

[149] MACHADO, Paulo Affonso Leme. **Direito Ambiental Brasileiro**. 11. ed. São Paulo: Malheiros, p. 49.

[150] FILOMENO, José Geraldo Brito. **Manual de Direitos do Consumidor**. 6. ed. São Paulo: Atlas, 2003. p. 68.

a **reutilização** de produtos, evitando-se não apenas o desperdício, como também a poupança de recursos naturais e sua renovação, e a **reciclagem**, ou seja, o reaproveitamento dos próprios materiais, visando ao consumo sustentável".

22.2 OS DIREITOS DO CONSUMIDOR E OS PRODUTOS TRANSGÊNICOS

Depois da *Revolução Verde*, que teve início com o aparecimento dos modelos tecnológicos na agricultura (mecanização e uso de insumos químicos)[151], vivencia-se a *Revolução Branca*, assim chamada por analogia aos aventais brancos dos cientistas que trabalham na produção e pesquisa de organismos geneticamente modificados – OGMS[152].

Os riscos da produção de OGMS estão relacionados à saúde humana e ao meio ambiente. O fato é que não existe estudo comprovando os efeitos dos OGMS. O que se sabe é que alguns valores nutritivos retirados de determinados genes podem ocasionar reação alérgica em determinadas pessoas, como já ocorreu no caso do grão de pólen e da castanha-do-pará.

Com a produção em larga escala de alimentos geneticamente modificados, aumenta-se o risco de que consumidores sensíveis a determinados alimentos desenvolvam alergias com riscos à sua saúde e vida.

É necessário, portanto, que o consumidor, ao adquirir o produto, tenha ciência de que se trata de OGM, sendo dever do fornecedor informar nas embalagens, nos invólucros, recipientes ou publicidade sobre a periculosidade ou nocividade do produto, sob pena da prática do crime previsto no art. 63 do CDC.

Dispõe o § 1°, incs. II e V, do art. 225 da CF que, para assegurar o direito ao meio ambiente ecologicamente equilibrado, incumbe ao Poder Público preservar a diversidade e a integridade do patrimô-

---

[151] VANDANA, Shilva. **Biopirataria**: a pilhagem da natureza e do conhecimento. Rio de Janeiro: Vozes, 2001. p. 10.

[152] A Lei 8.974/95, define OGMS, em seu art. 3°, inc. IV, como *"organismo cujo material genético (ADN.ARN) tenha sido modificado por qualquer técnica de Engenharia Genética"*.

nio genético do país e fiscalizar as entidades dedicadas à pesquisa e manipulação de material genético, além de controlar a produção, a comercialização e o emprego de técnicas que comportem risco para a vida, a qualidade de vida e o meio ambiente.

A Lei 8.974, de 05.01.1995, surgiu para regulamentar esses incisos e para estabelecer normas gerais para o uso das técnicas de engenharia genética e liberação no meio ambiente de OGMS. O Decreto Federal 3.871, de 18.07.2001, disciplina a rotulagem de alimentos embalados que contenham ou sejam produzidos com OGMS.

22.3 A RELAÇÃO DE CONSUMO NO MERCOSUL

O objetivo final do "Mercado Comum do Sul" – Mercosul, previsto no Tratado de Assunção, firmado em 1991 por Argentina, Brasil, Paraguai e Uruguai, é, segundo dispõe o seu art. 1º, o do "Mercado Comum", no qual haja o livre trânsito de bens, serviços, pessoas e capitais.

Para tanto, instituiu-se a passagem pelas etapas denominadas de "Zona de Livre Comércio" e "União Aduaneira". Na Zona de Livre Comércio, as barreiras tarifárias dos produtos fabricados nos países integrantes do bloco econômico serão eliminadas, e, na União Aduaneira, devem ser uniformizadas suas políticas de comércio exterior.

O Mercosul encontra-se, desde 31.12.1994, na fase da "União Aduaneira Imperfeita", assim denominada porque já foi eliminado o certificado de origem dos produtos nacionais, mas ainda estão presentes inúmeras exceções à Tarifa Externa Comum[153].

Falta, entre outras coisas, a integração do ordenamento jurídico. Com efeito, ensina Fábio Ulhoa Coelho[154] que, *"para o desenvolvimento do processo de integração regional, é necessária a harmonização do direito vigente nos países participantes"*. Quando menciona harmonização, quer o autor dizer que as normas devem produzir os mesmos efeitos. *"A construção do mercado comum, em suma, depende fundamentalmente de um* **"direito-custo harmonizado"**. *Isto é,*

---

[153] COELHO, Fábio Ulhoa. **Curso de Direito Comercial**. 7. ed. São Paulo: Saraiva, 2003. v. 1, p. 50.
[154] COELHO, Fábio Ulhoa. **Curso de Direito Comercial**. 7. ed. São Paulo: Saraiva, 2003. v. 1, p. 51 e 52.

a integração legislativa diz respeito às normas jurídicas que interferem direta ou indiretamente nos custos da produção e demais atividades econômicas".

É exatamente a partir daqui que se pode falar nas normas protetivas dos direitos dos consumidores. Elas são normas de direito-custo na medida em que oneram a produção. Se um dos países integrantes do bloco econômico possuir um Código do Consumidor mais rígido que o dos outros, o fornecedor daquele país estará em desvantagem com relação a estes.

Assim, no âmbito do Mercosul, devem prevalecer as normas mais favoráveis de cada um dos ordenamentos dos países que o integram, isso sem falar na possibilidade da adoção de normas inspiradas no direito de outros países.

A proteção do consumidor, é bom que não se esqueça, é exigência do mercado globalizado. Sem normas rígidas voltadas para a proteção do consumidor, a competitividade do país no mercado internacional estará comprometida, não sendo este o melhor caminho a ser trilhado por países que almejam aumentar sua competitividade através da instituição de um Mercado Comum.

Há que se ressaltar, também, o fato de que seria contraproducente para qualquer país retroceder na proteção dos direitos do consumidor, haja vista que a conquista de cada um desses direitos revelou-se exigência não apenas do mercado, mas da própria sociedade, ao pretender que sejam respeitados valores maiores, como a vida, a saúde e a segurança dos consumidores.

23

SERVIÇO DE ATENDIMENTO AO CONSUMIDOR – SAC

O Presidente da República, no uso da atribuição que lhe confere o art. 84, inc. IV, da Constituição Federal, e tendo em vista o disposto no Código de Defesa do Consumidor, editou o Decreto 6.523, de 31.07.2008, que fixa normas gerais sobre o Serviço de Atendimento ao Consumidor – SAC – por telefone, no âmbito dos fornecedores de serviços regulados pelo Poder Público Federal[155], com vistas à observância dos direitos básicos do consumidor de obter informação adequada e clara sobre os serviços que contratar e de manter-se protegido contra práticas abusivas ou ilegais impostas no fornecimento desses serviços.

Por sua vez, a Portaria 2.014 de 13.10.2008, que regulamenta o Decreto 6.523/08, estabelece o tempo máximo para o contato direto com o atendente e o horário de funcionamento no Serviço de Atendimento ao Consumidor.

O SAC compreende o serviço de atendimento telefônico das prestadoras de serviços regulados e tem como finalidade resolver as demandas dos consumidores sobre informação, dúvida, reclamação, suspensão ou cancelamento de contratos e de serviços, mas não inclui a oferta e a contratação de produtos e serviços realizadas por telefone.

Antes do Decreto, a ligação para o SAC nem sempre era gratuita e o serviço, em regra, estava disponível apenas no horário

---

[155] Serviços de telecomunicações, inclusive de internet banda larga, seguros, administradoras de cartões de crédito, bancos, planos de saúde, TV por assinatura, saneamento, aviação civil, transporte terrestre interestadual e energia elétrica.

comercial. O consumidor era obrigado a passar seus dados pessoais a inúmeros atendentes que transferiam a ligação para "o setor competente" sem nunca resolver o problema do consumidor, em muitos casos até desligando o telefone sem resolvê-lo. A opção para falar com o atendente era sempre a última. Antes disso, o consumidor era obrigado a ouvir todo o menu eletrônico, inclusive mensagem publicitária, isso sem falar na quantidade de vezes em que era obrigado a repassar seus dados cadastrais.

Após o decreto, o serviço passou a ser gratuito e sem qualquer ônus para o consumidor, que tem garantidas, no primeiro menu eletrônico, as opções de contato com o atendente, de reclamação e de cancelamento de contratos e serviços.

Além disso, o consumidor tem o direito de contatar o atendimento pessoal em todas as subdivisões do menu eletrônico. Seu acesso inicial não será condicionado ao prévio fornecimento dos seus dados e o consumidor não terá a sua ligação finalizada pelo fornecedor antes da conclusão do atendimento.

Acerca do tema, vale transcrever tabela feita pelo IDEC – Instituto Brasileiro de Defesa do Consumidor acerca das mudanças decorrentes do Decreto[156]:

Setor	telecom, planos de saúde, saneamento, transportes terrestres	TV por assinatura, aviação civil,	energia elétrica	bancos e adm. de cartões de crédito
disponibilidade	24h/dia 7 dias/semana	24h/dia 7 dias/semana*	24h/dia 7 dias/semana	24h/dia 7 dias/semana
tempo máximo de espera	1 minuto	1 minuto	1 minuto**	45 segundos***
publicidade	não poderá ser veiculada qualquer mensagem publicitária, a não ser que haja consentimento do consumidor.			

---

[156] **Novas Regras para os SACs entram em vigor**. Disponível em: <http://www.idec.org.br/emacao.asp?id=1686>. Acesso em: 12 mar. 2009.

atendente	– o contato com o atendente tem de ser uma opção no primeiro menu eletrônico e em todas as suas subdivisões; – o profissional deve ter capacidade técnica para procedimentos essenciais e deve falar de maneira clara e acessível; – a transferência para outro atendente só pode ocorrer se o propósito da ligação não for reclamação ou cancelamento do serviço; – o consumidor só pode ser transferido uma única vez durante a ligação, em no máximo 60 segundos, e o próximo atendente não pode exigir que o problema seja explicado de novo; – a ligação não pode ser finalizada antes da conclusão do atendimento.
cancelamento de serviço	Deve ser uma das opções do primeiro menu eletrônico e deve ser efetuado e confirmado (por e-mail, carta ou telefone) imediatamente após o pedido, mesmo que o usuário esteja em débito. A partir do pedido de cancelamento, o serviço não pode mais ser cobrado, mesmo que a empresa demore mais tempo para interromper o fornecimento ou ainda para retirar equipamentos, por exemplo.
histórico	Se o usuário pedir, as empresas são obrigadas a fornecer em até 72 horas o histórico de todos os seus contatos com o SAC. As empresas devem manter as gravações das chamadas por no mínimo 90 dias e o registro eletrônico do atendimento por dois anos, e nesse período os registros poderão ser consultados pelo consumidor ou órgão fiscalizador. Com isso, o consumidor fica munido de provas de seus pedidos e do encaminhamento que foi dado a eles.
Resposta	A partir da reclamação do consumidor, as empresas têm até cinco dias úteis para dar uma resposta. Se não for possível solucionar o problema dentro do prazo, a empresa deve pelo menos informar quais medidas está tomando ou ainda dizer que não é possível atender ao pedido do cliente.
SAC gratuito	As ligações para o SAC, tanto para informação quanto para reclamação, não podem ser cobradas. O atendimento das solicitações também não pode resultar em ônus para o consumidor.
informação	O número do SAC deve constar de forma clara e objetiva em todos os documentos e materiais impressos entregues ao consumidor na contratação do serviço, bem como na página eletrônica da empresa na internet.
combos	A empresa que oferece serviços diferentes conjuntamente deve oferecer ao consumidor um canal único que possibilite o atendimento de demandas relativas a qualquer um dos serviços oferecidos, mesmo que por meio de mais de um número de telefone. Ou seja, qualquer número de acesso ao SAC deve atender demandas para qualquer um dos serviços oferecidos pela empresa, mesmo que sejam serviços independentes.

*   Exceto serviços de transporte aéreo não regular de passageiros e TV por assinatura com até 50 mil assinantes.
**   Não há limite quando houver "crise sistêmica".
*** Exceto às segundas-feiras, em dias anteriores e posteriores a feriados, bem como no quinto dia útil do mês, quando o tempo pode se estender a até 90 segundos.

REFERÊNCIAS

ALVIM, Arruda; ALVIM, Thereza; ALVIM, Eduardo Arruda/ MARINS, James. **Código do Consumidor Comentado**. 2. ed. São Paulo: Revista dos Tribunais, 1995.
AMARO, Luciano. **Direito Tributário Brasileiro**. 9. ed. São Paulo: Saraiva, 2003.
BONATO, Cláudio; MORAIS, Paulo Valério Dal Pai. **Questões controvertidas no Código de Defesa do Consumidor**. 2. ed. Porto Alegre: Livraria do Advogado, 1999.
COELHO, Fábio Ulhoa. **Curso de Direito Comercial**. 7. ed. São Paulo: Saraiva, 2003. v. 1.
_____. **Curso de Direito Comercial**. 6. ed. São Paulo: Saraiva, 2003. v. 2.
_____. **Curso de Direito Comercial**. 3. ed. São Paulo: Saraiva, 2002. v. 3.
DINIZ, Maria Helena. **Curso de Direito Civil Brasileiro**. 13. ed. São Paulo: Saraiva, 1998. v. 3.
EFING, Antônio Carlos. **Contratos e procedimentos bancários à luz do Código de Defesa do Consumidor**. São Paulo: Revista dos Tribunais, 2000.
_____. **Fundamentos do Direito das Relações de Consumo**. Curitiba: Juruá, 2004.
FILOMENO, José Geraldo Brito. **Manual de Direitos do Consumidor**. 6. ed. São Paulo: Atlas, 2003.
FOLMANN, Melissa; FALEIRO, Marcia Bataglin Dalcastel. **Revista de Jurisprudência Brasileira Cível e Comércio**. Curitiba: Juruá, v. 196.
FONSECA, Antonio Cezar Lima da. **Direito penal do consumidor**. 2. ed. Porto Alegre: Livraria do Advogado, 1999.
GONÇALVES, Oksandro. **Desconsideração da Personalidade Jurídica**. Curitiba: Juruá, 2004.
GRINOVER, Ada Pelegrini, et al. **Código Brasileiro de Defesa do Consumidor comentado pelos autores do anteprojeto**. 5. ed. Rio de Janeiro: Forense Universitária, 1998.
GUSMÃO, Paulo Dourado. **Introdução ao Estudo do Direito**. 15. ed. Rio de Janeiro: Forense, 1992.
MACHADO, Paulo Affonso Leme. **Direito Ambiental Brasileiro**. 11. ed. São Paulo: Malheiros, 2002.
MARINS, James. **Responsabilidade da Empresa pelo Fato do Produto**. São Paulo: Revista dos Tribunais, Volume 5, 1993.
MARQUES, Cláudia Lima. **Contratos no Código de Defesa do Consumidor**. 4. ed. São Paulo: Revista dos Tribunais, 2002.
MORAIS, Alexandre. **Direito Constitucional**. 10. ed. São Paulo: Atlas, 2003.
NOGUEIRA, Tania Lis Tizzoni. **A prova no direito do consumidor**. Curitiba: Juruá, 1999.

OLIVEIRA, José Carlos de. **Código de Defesa do Consumidor**. 3. ed. São Paulo: Lemos e Cruz, 2002.

PERIN JUNIOR, Ecio. **A globalização e o direito do consumidor. Aspectos relevantes sobre a harmonização legislativa dentro dos mercados regionais**. São Paulo: Monole, 2003.

REALE, Miguel. **Lições Preliminares de Direito**. 14. ed. São Paulo: Saraiva, 1987.

ROCHA, Antônio do Rêgo Monteiro. **Código de Defesa do Consumidor**: Desconsideração da Personalidade Jurídica. Curitiba: Juruá, 1999.

SILVA, De Plácido. **Vocabulário Jurídico**. 15. ed. Rio de Janeiro: Forense, 1998.

SILVA, José Alberto Quadros de Carvalho. **Código de Defesa do Consumidor Anotado**. São Paulo: Saraiva, 2001.

THEODORO JÚNIOR, Humberto. **Curso de Direito Processual Civil**. 28. ed. Rio de Janeiro: Forense, 1999. v. I.

VANDANA, Shilva. **Biopirataria**: a pilhagem da natureza e do conhecimento. Rio de Janeiro: Vozes, 2001.

ÍNDICE ALFABÉTICO

A

- Ação declaratória de nulidade ajuizada pelo Ministério Público. 131
- Ação governamental. Princípio da ação governamental. 35
- Ação penal. Intervenção de assistente de acusação e ação penal subsidiária. 149
- Ações cabíveis. 73
- Anunciante. Responsabilidade civil, administrativa e penal do anunciante. ... 102
- Aplicabilidade do Código de Defesa do Consumidor aos serviços públicos. ... 28
- Aplicabilidade do Código de Defesa do Consumidor nas operações de concessão de crédito bancário. 27
- Atribuições do DNDF. 187

B

- Bancos de dados e cadastros de consumidores. 112
- Bancos de dados e cadastros de fornecedores. 114

C

- CINEB. Cadastro de Informações dos Estudantes Brasileiros – CINEB. 113
- Cadastro de Informações dos Estudantes Brasileiros – CINEB. 113
- Caráter relacional dos conceitos de consumidor e fornecedor. 24
- Circunstâncias agravantes. 146
- Cláusula abusiva. Conceito. 123

- Cláusula contratual. Consumidor. Direito à modificação e revisão de cláusulas contratuais. 42
- Cláusula absolutamente inválida. Lista negra. 124
- Cláusula abusiva. 123
- Cláusula de cancelamento unilateral do contrato. 129
- Cláusula de inversão do ônus da prova em prejuízo do consumidor. 124
- Cláusula de modificação unilateral do conteúdo ou qualidade do contrato. 130
- Cláusula de renúncia de indenização por benfeitorias necessárias. 126
- Cláusula de transferência de responsabilidade a terceiros. 124
- Cláusula de variação unilateral de preço. 129
- Cláusula impositiva de arbitragem. 125
- Cláusula impositiva do ressarcimento de custas de cobrança. 130
- Cláusula incompatível com o sistema de proteção do consumidor. 126
- Cláusula limitativa de responsabilidade. 124
- Cláusula mandato. 125
- Cláusula optativa de conclusão do contrato. 129
- Cláusula que subtrai opção de reembolso. 124
- Cláusula que viole normas ambientais. 126
- Cláusula relativamente inválidas. Lista cinza. 127
- Cláusulas abusivas. Rol. 123
- Cláusulas iníquas ou abusivas. 127
- Cobrança de dívidas. 111
- Código Brasileiro de Auto-regulamentação Publicitária – CBAP. 104
- Código Civil. Diferenças entre vícios redibitórios regulados pelo Código Civil e vícios ocultos ou aparentes regulados pelo Código de Defesa do Consumidor. 68
- Código Civil. Prazos de decadência. 69
- Código de Defesa do Consumidor. 12
- Código de Defesa do Consumidor. Aplicabilidade do Código de Defesa do Consumidor aos serviços públicos. 28
- Código de Defesa do Consumidor. Aplicabilidade nas operações de concessão de crédito bancário. 27
- Código de Defesa do Consumidor. Crimes previstos no Código do Consumidor. 151
- Código de Defesa do Consumidor. Diferenças entre vícios redibitórios regulados pelo Código Civil e vícios ocultos ou aparentes regulados pelo Código de Defesa do Consumidor. 68

- Código de Defesa do Consumidor. Prazos de decadência. 69
- Comerciante. Responsabilidade do comerciante. 59
- Compra e venda. Móveis e imóveis. Pagamento. Requisito. Moeda nacional. 133
- Compra e venda. Móveis e imóveis. Perda das prestações. Pagamento 132
- Compra e venda. Perda das prestações nos contratos de compra e venda de móveis e imóveis mediante pagamento em prestações. 132
- Conceito. Caráter relacional dos conceitos de consumidor e fornecedor. 24
- Conceito de fornecimento. 49
- Concurso de pessoas. Responsabilidade e concurso de pessoas. 145
- Consumidor. 17
- Consumidor. Bancos de dados e cadastros de consumidores. 112
- Consumidor. Caráter relacional dos conceitos de consumidor e fornecedor. 24
- Consumidor. Direito à apreciação de lesão ou ameaça de direito pelos órgãos judiciários e administrativos. 43
- Consumidor. Direito à educação associado ao direito de liberdade de escolha e da igualdade nas contratações. 40
- Consumidor. Direito à facilitação da defesa. 43
- Consumidor. Direito à informação adequada e clara. 41
- Consumidor. Direito à modificação e revisão de cláusulas contratuais. 42
- Consumidor. Direito à prevenção e reparação de danos. 42
- Consumidor. Direito à proteção contra práticas comerciais desonestas e desleais. 41
- Consumidor. Direito à vida, saúde e segurança nas relações de consumo. 39
- Consumidor. Direitos. Competência. 12
- Consumidor. Direitos. Origem e fundamento dos direitos do consumidor. 11
- Consumidor. Direitos. Previsão constitucional. 11
- Consumidor. Direitos básicos. Disposições iniciais. 39
- Consumidor. Direitos básicos do consumidor. 39
- Consumidor. Fontes dos direitos do consumidor. 13
- Consumidor. Movimento consumerista. 11
- Consumidor. Pessoa jurídica no papel de consumidora. 17
- Consumidor. Sujeitos da relação de consumo 17
- Consumidor equiparado. 19
- Consumo. Acidente. Prescrição da ação por acidente de consumo 54
- Consumo. Acidente. Prescrição da ação por acidente de consumo 63

- Consumo. Convenção coletiva de consumo. 189
- Consumo. Objetos da relação de consumo. 27
- Consumo. Política Nacional de Relações de Consumo. 33
- Consumo. Temas atuais. 191
- Consumo sustentável. 191
- Contrapropaganda. 144
- Contrato de consumo. 117
- Contrato de consumo. Conceito. 117
- Contrato de consumo. Interpretação. 118
- Contrato de consumo. Princípios aplicáveis. 119
- Contratos do sistema de consórcio de produtos duráveis. 132
- Controle. Poder de fiscalização e controle. 142
- Convenção coletiva de consumo. 189
- Crédito bancário. Aplicabilidade do Código de Defesa do Consumidor nas operações de concessão de crédito bancário. 27
- Crimes previstos no Código do Consumidor. 151

D

- Débito. Direito à liquidação antecipada do débito. 132
- Decadência. Prazos de decadência. Código Civil. 71
- Decadência. Prazos de decadência. Código de Defesa do Consumidor. 69
- Decreto Federal 2.181/97. 141
- Defeitos. Espécies de defeitos. 58
- Defesa do consumidor em Juízo. 173
- Desconsideração da personalidade jurídica. 83
- Desconsideração da personalidade jurídica e da responsabilidade dos grupos. 83
- Desconsideração da personalidade jurídica e da responsabilidade dos grupos. Disposições iniciais. 83
- Diferenças entre vícios redibitórios regulados pelo Código Civil e vícios ocultos ou aparentes regulados pelo Código de Defesa do Consumidor. 68
- Direito à liquidação antecipada do débito. 132
- Direito de arrependimento nos contratos celebrados fora do estabelecimento comercial. 133

- Direito de regresso. 60
- Direito do fornecedor de substituir as partes viciadas do produto. 72
- Direito fundamental. Direitos do consumidor como direitos fundamentais 13
- Direitos básicos do consumidor. 39
- Direitos do consumidor. 39
- Direitos do consumidor. Origem e fundamento dos direitos do consumidor. 11
- Direitos do consumidor como direitos fundamentais. 13
- Direitos do consumidor e os produtos transgênicos. 192
- Dívida. Cobrança de dívidas. 111

E

- Educação. Consumidor. Direito à educação associado ao direito de liberdade de escolha e da igualdade nas contratações. 40
- Espécies de fornecimento. 49
- Espécies de práticas abusivas. 107
- Espécies de publicidade vedadas pelo Código do Consumidor. 99
- Espécies de sanções administrativas. 142
- Execução de serviços perigosos. 155
- Execução de serviços perigosos. Bem jurídico tutelado. 155
- Execução de serviços perigosos. Classificação doutrinária. 156
- Execução de serviços perigosos. Consumação e tentativa. 156
- Execução de serviços perigosos. Cumulação de penas. 157
- Execução de serviços perigosos. Sujeitos ativo e passivo. 156
- Execução de serviços perigosos. Tipo objetivo. 156
- Execução de serviços perigosos. Tipo subjetivo. 156
- Extensão dos vícios. 69

F

- Fazer informação falsa ou enganosa ou omitir informação relevante. 157
- Fazer informação falsa ou enganosa ou omitir informação relevante. Bem jurídico tutelado. 157

- Fazer informação falsa ou enganosa ou omitir informação relevante. Classificação doutrinária. 158
- Fazer informação falsa ou enganosa ou omitir informação relevante. Consumação e tentativa. 158
- Fazer informação falsa ou enganosa ou omitir informação relevante. Forma culposa. 158
- Fazer informação falsa ou enganosa ou omitir informação relevante. Sujeitos ativo e passivo. 157
- Fazer informação falsa ou enganosa ou omitir informação relevante. Tipo objetivo. 157
- Fazer informação falsa ou enganosa ou omitir informação relevante. Tipo subjetivo. 158
- Fiança. 149
- Fiscalização. Poder de fiscalização e controle. 142
- Fontes dos direitos do consumidor. 13
- Fornecedor. 21
- Fornecedor. Bancos de dados e cadastros de fornecedores. 114
- Fornecedor. Caráter relacional dos conceitos de consumidor e fornecedor. 24
- Fornecedor. Pessoa jurídica de direito público no papel de fornecedor. 22
- Fornecedor. Princípio da continuidade da prestação do serviço público. 23
- Fornecedor. Responsabilidade objetiva. 23
- Fornecimento. Conceito. 49
- Fornecimento. Espécies. 49
- Fornecimento de produtos defeituoso. 59
- Fornecimento de produtos e serviços. 49
- Fornecimento de serviço defeituoso. 61
- Fornecimento de serviço defeituoso. Excludente da responsabilidade. 61
- Fornecimento defeituoso. 57
- Fornecimento defeituoso. Conceito. 57
- Fornecimento defeituoso. Responsabilidade. 59
- Fornecimento perigoso. Responsabilidade. 54
- Fornecimento perigoso ou nocivo. 51
- Fornecimento perigoso ou nocivo. Conceito. 51
- Fornecimento perigoso ou nocivo. Dever de prestar informações. 51
- Fornecimento viciado. 67
- Fornecimento viciado. Conceito. 67

G

- Garantia contratual. 134

I

- Igualdade nas contratações. Consumidor. Direito à educação associado ao direito de liberdade de escolha e da igualdade nas contratações 40
- Impedimento de acesso a banco de dados. 166
- Impedimento de acesso a banco de dados. Bem jurídico tutelado. 166
- Impedimento de acesso a banco de dados. Classificação doutrinária. 167
- Impedimento de acesso a banco de dados. Consumação e tentativa. 167
- Impedimento de acesso a banco de dados. Sujeitos ativo e passivo. 167
- Impedimento de acesso a banco de dados. Tipo objetivo. 167
- Impedimento de acesso a banco de dados. Tipo subjetivo. 167
- Informação. Consumidor. Direito à informação adequada e clara. 41
- Infração penal. 145
- Infração penal. Disposições iniciais. 145
- Instrumentos de execução da Política Nacional das Relações de Consumo. 36
- Intervenção de assistente de acusação e ação penal subsidiária. 149
- Inversão do ônus financeiro da prova pericial. 45

L

- Lesão à direitos. Consumidor. Direito à apreciação de lesão ou ameaça de direito pelos órgãos judiciários e administrativos. 43
- Limitação da multa moratória. 131

M

- Meios vexatórios para cobrança de dívidas. 165
- Meios vexatórios para cobrança de dívidas. Bem jurídico tutelado. 165
- Meios vexatórios para cobrança de dívidas. Classificação doutrinária. 166
- Meios vexatórios para cobrança de dívidas. Consumação e tentativa. 166

- Meios vexatórios para cobrança de dívidas. Sujeitos ativo e passivo. 165
- Meios vexatórios para cobrança de dívidas. Sujeitos objetivo. 165
- Meios vexatórios para cobrança de dívidas. Sujeitos subjetivo. 166
- Mercosul. Relação de consumo no Mercosul. 193
- Ministério Público. Ação declaratória de nulidade ajuizada pelo Ministério Público. 131
- Momento adequado para a inversão do ônus da prova. 46
- Movimento consumerista. 11
- Multa moratória. Limitação. 131

O

- Objetivos e princípios da Política Nacional de Relações de Consumo. 33
- Objetos da relação de consumo. 27
- Oferta. 93
- Oferta. Conceito. 93
- Oferta. Público-alvo. 93
- Oferta. Recusa no cumprimento da oferta. 94
- Oferta. Requisitos. 96
- Oferta. Responsabilidade solidária. 93
- Oferta de componentes e peças de reposição. 95
- Oferta ou venda por telefone ou reembolso postal. 95
- Omissão de dizeres ou sinais ostensivos. 151
- Omissão de dizeres ou sinais ostensivos. Bem jurídico tutelado. 151
- Omissão de dizeres ou sinais ostensivos. Classificação doutrinária. 152
- Omissão de dizeres ou sinais ostensivos. Consumação e tentativa. 153
- Omissão de dizeres ou sinais ostensivos. Forma culposa. 153
- Omissão de dizeres ou sinais ostensivos. Sujeitos ativo e passivo 151
- Omissão de dizeres ou sinais ostensivos. Tipo objetivo. 152
- Omissão de dizeres ou sinais ostensivos. Tipo subjetivo. 152
- Omissão na comunicação às autoridades competentes. 153
- Omissão na comunicação às autoridades competentes. Bem jurídico tutelado. 153
- Omissão na comunicação às autoridades competentes. Classificação doutrinária. 154

- Omissão na comunicação às autoridades competentes. Consumação e tentativa. 155
- Omissão na comunicação às autoridades competentes. Sujeitos ativo e passivo. 154
- Omissão na comunicação às autoridades competentes. Tipo objetivo. 154
- Omissão na comunicação às autoridades competentes. Tipo subjetivo. 154
- Omissão na correção de dados incorretos. 168
- Omissão na correção de dados incorretos. Bem jurídico tutelado. 168
- Omissão na correção de dados incorretos. Classificação doutrinária. 169
- Omissão na correção de dados incorretos. Consumação e tentativa. 169
- Omissão na correção de dados incorretos. Sujeitos ativo e passivo. 168
- Omissão na correção de dados incorretos. Tipo objetivo. 168
- Omissão na correção de dados incorretos. Tipo subjetivo. 169
- Omissão na entrega de termos de garantia. 169
- Omissão na entrega de termos de garantia. Bem jurídico tutelado. 169
- Omissão na entrega de termos de garantia. Classificação doutrinária. 170
- Omissão na entrega de termos de garantia. Consumação e tentativa. 170
- Omissão na entrega de termos de garantia. Sujeitos ativo e passivo. 170
- Omissão na entrega de termos de garantia. Tipo objetivo. 170
- Omissão na entrega de termos de garantia. Tipo subjetivo. 170
- Órgão administrativo. Consumidor. Direito à apreciação de lesão ou ameaça de direito pelos órgãos judiciários e administrativos. 43
- Órgão judicial. Consumidor. Direito à apreciação de lesão ou ameaça de direito pelos órgãos judiciários e administrativos. 43
- Órgãos integrantes do SNDC. 187
- Origem e fundamento dos direitos do consumidor. 11

P

- Pena de multa. 143
- Pena de multa. 147
- Penas restritivas de direito. 148
- Perda das prestações nos contratos de compra e venda de móveis e imóveis mediante pagamento em prestações. 132
- Perícia. Inversão do ônus financeiro da prova pericial. 45

- Personalidade jurídica. Desconsideração da personalidade jurídica. 83
- Personalidade jurídica. Desconsideração da personalidade jurídica e da responsabilidade dos grupos. 83
- Personalidade jurídica. Desconsideração da personalidade jurídica e da responsabilidade dos grupos. Disposições iniciais. 83
- Pessoa jurídica como sujeito ativo de crime. 146
- Pessoa jurídica de direito público no papel de fornecedor. 22
- Pessoa jurídica no papel do consumidora. 17
- Poder de fiscalização e controle. 142
- Poder investigatório. 142
- Poder regulamentar. 141
- Poderes da administração. 141
- Política Nacional das Relações de Consumo. Instrumentos de execução. 36
- Política Nacional de Relações de Consumo. 33
- Política Nacional de Relações de Consumo. Objetivos e princípios. 33
- Prática abusiva. 107
- Prática abusiva. Conceito. 107
- Práticas comerciais. 91
- Práticas comerciais abusivas. 91
- Prazos de decadência. Código Civil. 71
- Prazos de decadência. Código de Defesa do Consumidor. 69
- Prescrição da ação por acidente de consumo. 54
- Prescrição da ação por acidente de consumo. 63
- Prestação de serviço público. Princípio da continuidade da prestação do serviço público. 23
- Prevenção de dano. Consumidor. Direito à prevenção e reparação de danos. 42
- Previsão constitucional. 12
- Princípio da ação governamental. 35
- Princípio da boa-fé objetiva. 35
- Princípio da boa-fé objetiva. 121
- Princípio da continuidade da prestação do serviço público. 23
- Princípio da irrenunciabilidade de direitos. 120
- Princípio da transparência nas relações de consumo. 33
- Princípio da transparência nas relações de consumo. 119

- Princípio da vulnerabilidade. 34
- Princípio do equilíbrio contratual. 120
- Princípio e objetivos da Política Nacional de Relações de Consumo. 33
- Princípios aplicáveis. Consumidor. 119
- Produto. 27
- Produto. Fornecimento de produtos e serviços. 49
- Produto. Vício de quantidade de afeta a qualidade do produto. 72
- Produto. Vícios de qualidade ou quantidade do produto. 72
- Produto defeituoso. Excludentes da responsabilidade. 61
- Produto ou serviço altamente perigoso – *Recall*. 52
- Produtos impróprios. 67
- Profissional liberal. Responsabilidade do profissional liberal. 62
- Prova. Inversão do ônus financeiro da prova pericial. 45
- Prova. Momento adequado para a inversão do ônus da prova. 46
- Prova. Requisitos para a inversão do ônus da prova. 44
- Publicidade. 99
- Publicidade. Conceito. 99
- Publicidade. Espécies de publicidade vedadas pelo Código do Consumidor. 99
- Publicidade abusiva. 101
- Publicidade enganosa. 100
- Publicidade enganosa e abusiva. 102
- Publicidade enganosa ou abusiva. 159
- Publicidade enganosa ou abusiva. Bem jurídico tutelado. 159
- Publicidade enganosa ou abusiva. Classificação doutrinária. 160
- Publicidade enganosa ou abusiva. Consumação e tentativa. 160
- Publicidade enganosa ou abusiva. Sujeitos ativo e passivo. 159
- Publicidade enganosa ou abusiva. Tipo objetivo. 159
- Publicidade enganosa ou abusiva. Tipo subjetivo. 160
- Publicidade sem base fática, técnica ou científica. 162
- Publicidade sem base fática, técnica ou científica. Bem jurídico tutelado. 162
- Publicidade sem base fática, técnica ou científica. Classificação doutrinária. 162
- Publicidade sem base fática, técnica ou científica. Consumação e tentativa. . 163
- Publicidade sem base fática, técnica ou científica. Sujeitos ativo e passivo. ... 162

- Publicidade sem base fática, técnica ou científica. Tipo objetivo. 163
- Publicidade sem base fática, técnica ou científica. Tipo subjetivo. 163
- Publicidade simulada. 102
- Publicidade simulada ou clandestina. 100
- Publicidade tendenciosa. 160
- Publicidade tendenciosa. Bem jurídico tutelado. 161
- Publicidade tendenciosa. Classificação doutrinária. 161
- Publicidade tendenciosa. Consumação e tentativa. 161
- Publicidade tendenciosa. Cumulação de penas. 162
- Publicidade tendenciosa. Sujeitos ativo e passivo. 161
- Publicidade tendenciosa. Tipo objetivo. 161
- Publicidade tendenciosa. Tipo subjetivo. 161

Q

- Qualidade do produto ou serviço. 59

R

- *Recall*. Produto ou serviço altamente perigoso – *Recall*. 52
- Referências. 199
- Reincidência. Sanções aplicáveis nos casos de reincidência em crimes de maior gravidade. 143
- Relação de consumo. Consumidor. Direito à vida, saúde e segurança nas relações de consumo. 39
- Relação de consumo no Mercosul. 193
- Reparação de dano. Consumidor. Direito à prevenção e reparação de danos. 42
- Requisitos para a inversão do ônus da prova. 44
- Resolução 39.248, de 10.04.85, das Nações Unidas sobre proteção do consumidor. 14
- Responsabilidade. Excludentes da responsabilidade 61
- Responsabilidade civil, administrativa e penal do anunciante. 102
- Responsabilidade do comerciante. 60
- Responsabilidade do profissional liberal. 62
- Responsabilidade dos grupos. 86

- Responsabilidade dos grupos. Desconsideração da personalidade jurídica e da responsabilidade dos grupos. 83
- Responsabilidade e concurso de pessoas. 145
- Responsabilidade pelo fornecimento defeituoso. 59
- Responsabilidade pelo fornecimento perigoso. 54
- Rol de cláusulas abusivas. 123

S

- SAC. Serviço de Atendimento ao Consumidor – SAC. 195
- SNDC. Atribuições do DNDF. 187
- SNDC. Órgãos integrantes do SNDC. 187
- SNDC. Sistema Nacional de Defesa do Consumidor – SNDC. 187
- Sanção administrativa. Espécies de sanções administrativas. 142
- Sanções administrativas. 141
- Sanções aplicáveis nos casos de reincidência em crimes de maior gravidade... 143
- Sanções aplicáveis nos casos de vícios de qualidade ou de quantidade. 143
- Saúde. Consumidor. Direito à vida, saúde e segurança nas relações de consumo. 39
- Segurança. Consumidor. Direito à vida, saúde e segurança nas relações de consumo. 39
- Serviço. 27
- Serviço. Fornecimento de produtos e serviços. 49
- Serviço de Atendimento ao Consumidor – SAC. 195
- Serviço público. Aplicabilidade do Código de Defesa do Consumidor aos serviços públicos. 28
- Serviço público. Princípio da continuidade da prestação do serviço público. 23
- Serviços impróprios. 68
- Sistema Nacional de Defesa do Consumidor – SNDC. 187
- Sujeitos da relação de consumo. 17
- Sumário. 7

T

- Transgênicos. Direitos do consumidor e os produtos transgênicos. 192

- Transparência. Princípio da transparência nas relações de consumo. 119
- Troca de componentes sem autorização. 164
- Troca de componentes sem autorização. Bem jurídico tutelado. 164
- Troca de componentes sem autorização. Classificação doutrinária. 165
- Troca de componentes sem autorização. Consumação e tentativa. 165
- Troca de componentes sem autorização. Sujeitos ativo e passivo. 164
- Troca de componentes sem autorização. Tipo objetivo. 164
- Troca de componentes sem autorização. Tipo subjetivo. 164
- Tutela coletiva do consumidor. 173
- Tutela do consumidor. Ações. 174
- Tutela do consumidor. Ações coletivas para a defesa de interesses individuais homogêneos. 177
- Tutela do consumidor. Ações de responsabilidade do fornecedor. 179
- Tutela do consumidor. Aplicação subsidiária do CPC e da Lei 7.347/85. 183
- Tutela do consumidor. Coisa julgada. 180
- Tutela do consumidor. Competência. 177
- Tutela do consumidor. Concessão de tutela. 175
- Tutela do consumidor. Condenação genérica. 177
- Tutela do consumidor. Conversão da obrigação em perdas e danos. 175
- Tutela do consumidor. Edital. 177
- Tutela do consumidor. Execução específica. 175
- Tutela do consumidor. Extensão subjetiva dos efeitos da coisa julgada na ação civil pública. 182
- Tutela do consumidor. Liquidação e execução da sentença. 179
- Tutela do consumidor. Litispendência e suspensão do processo. 182
- Tutela do consumidor. Medidas necessárias. 176
- Tutela do consumidor. Multa. 175
- Tutela do consumidor. Prazo para habilitação dos interessados. 179
- Tutela do consumidor. Preferência no pagamento de créditos. 179
- Tutela do consumidor. Sucumbência. 176
- Tutela individual do consumidor. 173

V

- Vício. Ações. 72

- Vício. Espécies de vícios. 72
- Vício. Prazo para substituição. 72
- Vício. Prescrição. 76
- Vício de qualidade do serviço. 75
- Vício de quantidade de afeta a qualidade do produto. 72
- Vício de quantidade do serviço. 76
- Vício oculto. Diferenças entre vícios redibitórios regulados pelo Código Civil e vícios ocultos ou aparentes regulados pelo Código de Defesa do Consumidor. 68
- Vício redibitório. Conceito. 68
- Vício redibitório. Diferenças entre vícios redibitórios regulados pelo Código Civil e vícios ocultos ou aparentes regulados pelo Código de Defesa do Consumidor. 68
- Vícios. Responsabilidade. 69
- Vícios. Responsabilidade solidária. 75
- Vícios de qualidade ou quantidade do produto. 72
- Vícios no serviço de reparação. 75
- Vida. Consumidor. Direito à vida, saúde e segurança nas relações de consumo. 39
- Vinculação contratual. 68

JURUÁ EDITORA

Esta obra foi impressa em oficinas próprias, utilizando moderno sistema de impressão digital. Ela é fruto do trabalho das seguintes pessoas:

Editoração:
Elisabeth Padilha
Emanuelle Milek
Karla Knihs
Luciane Pansolin
Rodrigo Michel Ferreira

Índices:
Emilio Sabatovski
Iara P. Fontoura
Tania Saiki

Impressão:
Lucas Fontoura
Marcelo Schwb
Willian A. Rodrigues

Acabamento:
Afonso P. T. Neto
Anderson A. Marques
Bibiane A. Rodrigues
Carlos A. P. Teixeira
Luana S. Oliveira
Lucia H. Rodrigues
Luciana de Melo
Luzia Gomes Pereira
Maria José V. Rocha
Marilene de O. Guimarães
Maurício Micalichechen
Nádia Sabatovski
Terezinha F. Oliveira

"Há duas coisas a desejar da vida: primeiro, conseguir o que você quer e depois usufruir o que você tem. Só os muito espertos conseguem a segunda"
L. P. Smith